中公新書　2827

中村圭志著

死とは何か

宗教が挑んできた人生最後の謎

中央公論新社刊

まえがき

本書は「死」をめぐる諸宗教の神話や教えや思想を、歴史的に通覧するものである。

宗教は人生最後の謎「死」に挑んできた。宗教にとって「死」が本質的なテーマであることは言うまでもない。人類史の黎明期《れいめいき》から宗教らしきものがあったのではないかと考古学者らが考えているのは、紀元前何万年にさかのぼる埋葬の痕跡が残っているからだ。

伝統的な宗教と死とのかかわりは、おおむね次のような形に整理できる。

第一に、宗教のほとんどは、死後も霊魂が何らかの形で生存していると説いていた。その霊魂は暗い冥界で永遠に暮らすのかもしれないし、先祖の国に行って個性を消失するのかもしれない。あるいは、天国や地獄に行くのかもしれないし、この世に舞い戻ってくるのかもしれない。

第二に――第一の側面とは部分的に矛盾する見方だが――、宗教は死の滅び《ヽヽ》としての側面を強調してきた。

いかに栄華の暮らしを誇っても、あらゆる人間は死ぬ。永遠に生きる神に対して、「死すべきもの」というのが人間の本質だ、との教えもある。ここで「滅ぶ」にもいろいろあって、文字通り消失してしまうのかもしれないし、家族や友人、財産や業績、諸々の世俗的欲望から切り離されるという「別れ」や「断念」を意味しているのかもしれない。

第三に、宗教は死をこの世での生き様の総決算と捉えてきた。

宗教はふつう清く正しい生涯を送るよう説いているので、したがって、死とは日頃の修練の成果が試される場だということになる。人生を総合的に俯瞰《ふかん》して、善人であれば幸福な報いを受ける（天国に行く、好ましい生に転生する）、悪人なら苦しみを科せられる（地獄に行く、悪しき生に転生する）。報いなど気にしない境地に達することを修行の目標とすることもある。

審判のスタイルもいろいろあり、神が裁くこともあるし、来世の運命が自動的に定まることもある。死後すぐに裁かれる場合も、世界が終末を迎えてから裁かれる場合もある。

第四に、宗教の儀礼や呪術は、しばしば死や死後の運命を操作しようとしてきた。

死者を供養する、死者の霊を呼んで対話するなどのパターンがある。自らの死後をよくするための「往生の技法」も、霊薬を用いるなどして死を永遠に回避しようという思考も、洋の東西を問わず見出《みいだ》される。

実に多様だ。死と死後に関するいずれのビジョンも、人間が試行錯誤の末に創り上げていったものだ。素朴なところから始まった神話的ビジョンは、歴史とともにバリエーションを増やし、矛盾だらけのままブレンドされたり淘汰《とうた》されたりし、死の思想を複雑なものにしていった。高度な倫理思想もあるし、比喩に満ちた民話調の訓話もあるし、完全なオカルトもある。人類のそんな営みを見守る神仏と呼ばれる超越者が本当にいるのかどうかは、また別の話だ。

本書を構想した当初は、たとえば不老不死の信仰、来世の応報の信仰、死後の解脱《げだつ》の信仰、生前における心理的な死の超越といったように、論理的カテゴリーごとに記述を進めていこうかと考えた。しかし、これはうまくいかなかった。

宗教は論理に沿って整合的に発展したものではなく、地域ごと、文化ごとに、さまざまな異論の枝葉を出して偶発的に繁茂してきたものだ。だから、同じ一つの伝統の中に多様な論理が重なっている。つまり、どんな論理も、たいていの伝統のたいていの局面の中に顕在的・潜在的に含まれている。結局、系譜ごとの発展史を追っていくのが一番すなおな記述であるようだ。

というわけで、本章の構成は次のようになっている。

序章では、宗教の死の神話や教えをもたらす条件を洗い出す。物理的な死、生理的・心理的な反応、文学的な彫琢《ちょうたく》、正義や倫理の投影といった要素である。

PARTⅠの各章では、古典的大宗教以前の来世観のサンプルとして、日本神話、古代ギリシア・ローマの神話と哲学、旧約聖書を、序章の論点を意識しつつ紹介する。

PARTⅡでは、キリスト教やイスラム教など、古典的な一神教の来世観を眺める。これには、死後の審判、終末後の審判、天国、地獄、煉獄《れんごく》といった要素が含まれる。

PARTⅢでは、ヒンドゥー教や仏教などの輪廻《りんね》観を眺める。善き生、悪しき生への生まれ変わりや、修行を通じての輪廻からの解脱、さまざまな浄土での救いが含まれる。

そしてPARTⅣでは、これらに属さないパターンを見ていく。日本を含む東アジアには儒教や道教や神道などの来世観があるし、近代以降の先進国には、伝統宗教を離れた、あるいは宗教抜きの各種のスピリチュアリティや死生観が展開している。

伝統宗教が相対化され、科学的思考が定着した現在、人類は「死とは物理的な消失である」というリアルな現実に向き合うようになった。そんな今、我々には結局、何が言えるのか？　これについて終章で総合的に考察しようと思う。序章や本論で得られた知見が我々に一つの展望をもたらしてくれることを期待したい。

目次

凡例

・本書では読みやすさを考慮して、引用文中の漢字は原則として新字体を使用し、歴史的仮名遣いは現代のものに、また一部の漢字を平仮名に改めた。読点やルビも追加した。
・引用中の〔　〕は著者による補足である。

死とは何か

宗教が挑んできた人生最後の謎

序章　物理的な死と来世観の始まり

「まえがき」に書いたように、本書では、諸宗教の来世観や死の教えを歴史的な創作物として扱う。これはとりわけ特殊な立場ではないが、その含意するところをはっきりさせておきたい。つまり、死後の霊魂は実際には存在しないだろうということだ。

序章では、この前提に基づくいくつかの仮定を四節にまとめて整理する。

1　二元論（霊魂説）への懐疑

物理主義と二元論

科学や哲学など世俗の学問の世界では、死はどのようなものだと考えられているのだろうか。

科学の基本的モデルは物理学などに代表される自然科学だ。一般的に言って自然科学者は、実在を物質的なものだと捉えている。すなわち、宇宙は時空間を占める物理的実在でできている。精神現象――心や意識や記憶や思考や感情――は、物理的身体の機能である。

つまり、精神現象は物理的身体から独立した実在ではないので、死んで身体が崩壊すれば、そのときに精神現象は消失する。燃えるものが無くなったら火は消える。それと同じだ。

死についての哲学的講義録で有名なシェリー・ケーガンは、こうした《物理主義》的な見方を確定された事実と考えてはいないものの、しかし、今のところこれが最も一貫性のある、最も確からしい見方だとしている。絶対ではないが最も説得力がある、というのである（『「死」とは何か』）。たいていの自然科学者も、多くの哲学者も、たぶんこれに同意すると思われる。

この《物理主義》と対立する立場は、《二元論》と呼ばれる。身体と精神（心、魂）の二つを対等の実在と考える霊肉二元論である。

こちらの立場をとるならば、人間は死んでも――つまり物理的身体が朽ち果てても――精神ないし心の部分が一種独特な実在として生き続ける可能性がある。身体から着脱可能な精神・心の座は「霊魂」と呼ばれる。表現は「霊」でも「魂」でもいい。

《二元論》は、伝統的な宗教の立場だ。仏教、ヒンドゥー教、キリスト教、イスラム教といった古典的なビッグネームの宗教に限らず、多くの宗教伝統、民間信仰、新宗教では、人間を超えた存在として「神仏」のようなものを想定すると同時に、人間の本質部分として「霊魂」のようなものを想定している。

こうした宗教的人間観によれば、人間を構成する霊魂と身体がくっついた状態がいわゆる「生」であり、この二つが離れた上に身体のほうが消えてしまった状態が「死」なのである。「死」と呼ばれつつも霊魂は消失していないので、死は一種の「生」である。冥界や天国などにおける生、もしくは再びこの世に転生する生である。

どちらが説明として優れているか?

ケーガンは人間の成り立ちの説明として、あるいは死後の生の可能性を考える基礎として、《物理主義》のほうが《二元論》よりも有効だと考えている。その理由は、身体の実在については誰にも否定できないのに対し、霊魂の実在については何の証拠も得られないからだ。

宗教信者の中には、胸に手を当てて、自らの内部にまさしく魂の存在を感じると言う人もいる。しかし、実際にその人が感じているのは、思考や感情という機能的なものであり、五感が外界の物体の実在を観察するようにタマシイなるものを感じているわけではない。

霊魂が独立の実在として存在していると考えなければどうにも説明のつかない現象というものもない。外界に対する反応としての心の動きも、主体性や目的をもって身体を制御する動きも、物理的身体のかもしだす現象として理解可能だ。さらに内面においていて感じている欲望や意識も、物理的身体から生み出されないと決めつけるべき理由はない。

ただし、《物理主義》の考え方を採用すると、原理的には、超高度な機械――『2001年宇宙の旅』に出てきたコンピュータHALのような――には内面的な意識をもつことが可能だということになる。しかし、機械が意識をもつなど信じがたいではないか? そう感じるなら、むしろ物理的身体は物理的身体、意識ある魂は意識ある魂、と切り離して考える《二元論》に軍配を上げたくなることだろう。

しかし、ケーガンも言うように、《二元論》は意識なるものの謎に関して《物理主義》よりも上手な説明を提供してくれるわけではない。《物理主義》によれば、身体になぜか内面的な意識が芽生える。《二元論》によれば、意識が最初から霊魂に備わっている。前者では、意識が身体にじねんと生ずる。後者では、意識は霊魂におのずから宿っている。じねん(自然)もおのずから(自ずから)も説明の用をなしていないという点では同じである。というわけで、《物理主義》と《二元論》、説明能力に関しては勝負無しなのである。

では、どう考えたらいいのか？

どちらの立場をとる者にとっても、身体の存在だけは確かだ。霊魂の存在は《二元論》の信奉者だけの付け加えの仮説だ。だから、最も確実なところを採って考えていこうとなると、事実上《物理主義》を標準としてやっていくことになる。少なくとも公けの議論の場ではそうせざるをえない。《二元論》すなわち霊魂説の信奉は、各自プライベートな信仰の中でやってくださいとしか言いようがないのである。

もちろん《二元論》が完全に論破されたわけではない。ひょっとしたら身体から切り離されたリアリティとしての霊魂なるものが、実際に存在するのかもしれない。ただし、「霊魂がある」（信仰の立場）と「霊魂はない」（世俗の立場）とが五分五分の蓋然性（確率）というわけではないことは押さえておかなければならない。霊魂が実在することのきちんとした証拠を誰も挙げられずにいるという事実は、きわめて重いのである。

ちなみに、（霊魂の存在は不確かだとしても）霊魂を語る信仰文化は確かに存在しているのであり、それには意義があるのかもしれない。ただしそれはまた別の話だ。それは存在をめぐる議論ではなく、観念の心理的・社会的有効性をめぐる議論である。

本書においても、宗教的霊魂観にはファクトからの支えが一切ないことを前提として、死と死後をめぐる宗教の言説を眺めていくことにしようと思う。（霊魂を語る信仰文化のもつ積極的な意味合いについては、終章で詳しく論じたい。）

2　来世、先祖、転生

霊魂信仰と葬式の起源

人間以外の動物は、霊魂観も来世観ももたない。人類がそのようなものを考えるようになったのは、どのような身体的・環境的・進化的条件によるものだろうか。神話の共有が一五〇人という親密な集団の人口最大値を超えた規模の集団の維持に役立ったという進化心理学者ロビン・ダンバーの説はここにも当てはまるだろうが、本節では神話的思考の中核をなす、霊魂が存続するという観念の起源を考察した哲学者ダニエル・デネットの議論を見ていきたい。

デネットは、人類が死をめぐって情緒的な反応を示し、弔いの儀礼を行ない、死後も存続する霊魂の観念をもつようになったのは、高等動物に本能的に具《そな》わっている「指向的構え」を人類がきわめて高度に発達させたことを条件としていると考えている（『解明される宗教——進化論的アプローチ』）。

哺乳類や鳥類の一部は、生き物とそれ以外とを識別し、生き物である相手の動きを読む。イヌもカラスもライオンもシカも、目にした別の動物が一定の見方で周囲やこちらを見ていることを知っている。そしてその動物もまた、自分の欲求に合わせて合理的に振る舞おうとしていることを知っている。相手の意図（指向）《インテンショナル》を読むというこの無意識的なスタンスが指向的構え（intentional stance）だ。

人間の場合、この指向的構えは非常に高度になっており、「相手がこう思う」のみならず「Aが「Bがこう思う」と思っている」とか「思っているふりをしている」とか二重三重四重の意図のベクトルをたちどころに把握する。

この構えは生まれながらの強力な衝動であるので、過剰に働くことがある。たとえば一緒に暮らしていた親しい他者が死んでしまったときがそれだ。その他者が今や生きた存在として目の前にいないというのに、記憶に焼き付いたその存在が今どう思っているか、私にどうしてほしいか、私のやることをどう思うかと考えることをすぐにはストップできない。

人類学者・認知科学者のパスカル・ボイヤーは、この点を直観的に分からせてくれるものとして、次のような例を挙げている（『神はなぜいるのか？』）。

葬儀の場で、故人の知人たちが「これであいつも喜んでいるさ」などと口々に言う。すなわち、「友達が集まってくれたので（あるいは立派な葬儀を営んでくれたので）さぞかし死者も喜んでいるだろう」というのである。あいつが死んだことは、誰もが百パーセント分かっている。しかし、あいつが生きているかのように語ったとしても少しも変だと思われない。不謹慎な冗談と受け止められる心配もない。感覚的にごく自然なのだ。

高度に発達したホモ・サピエンスの脳は、たとえ原始人でも、人が死んだという不可逆的な生理的事実はしっかり認知できる（人間以外の動物には仲間の死の認識はないとされる）。しかし脳で働いている別の（指向的構えをもつ）認知プログラムは、頭のどこかで、故人を生きているかのように扱っている。つまり、脳はつねに他者の意図を読みつつ働いているので、その思考の習慣内に位置づけられていたキャラクターの一人が現実には消えてしまったとしても、そう簡単には思考習慣は更新されないのである。むしろ故人の記憶は愛着となって消去に抵抗するだろう。

さて、原初の時代の人類は、このことに大いに困惑を感じたのではあるまいか。死体がそこに置かれたままの原始の状況では、（病気の潜在的源泉である）死体に対する生理的な嫌悪のメカニズムもまた強力に働くから、故人への思慕と死体への嫌悪との板挟みの感情は耐えがたいものになっただろう。

この状況を切り抜けるために、人間は、一方では死体を処分する（遠ざける、埋める、焼く）という合理的行動をとりつつ、他方では指向的構えがもたらす「あいつはまだ生きている」という存在感の意識に見合った仮想のキャラクター、「霊魂」を共同体のみなで作り上げる手の込んだ儀礼を行なうようになった——そんなふうに推定することが可能だ。死体への対処と霊魂観念の立ち上げのための共同の儀式が、いわゆる葬式である。

来世観よりも切実な葬送の儀礼

ボイヤーは言う。哲学者や人類学者は、人間はみな根っからの《二元論者》であるために、身体の崩壊後の霊魂の行方のことで悩むのだ、と考えがちである。しかし、実際に悩ましいものとなっているのは、もっと具体的なことである。物理的死も認め、意識の存続も感じてしまうという認知上の矛盾をめぐる葛藤こそが、人類を悩ませてきたのだ。

だからこそ、どんな社会でも、葬式は一般に死後世界を描くようなものではなく、死体とのお別れの複雑な手続きとなっているのである。死体を丁寧に処置し、精神は今や霊魂になったという約束を共有する——そういう移行の手続きなのだ。

重視されているのは来世観ではなく死体をめぐる儀礼だ、というこの見方は、日本人の来世観のことを考えると、確かに納得がいく。

あとで説明するように、日本人の来世観は、神道やら仏教やら道教やら儒教やら民間信仰やらが織り交ざって、黄泉《よみ》、常世《とこよ》、六道《ろくどう》輪廻、極楽浄土、幽冥界、村の裏山の先祖の世界……とさまざまに語られてきた。要するに霊魂がどこへ行くのか分からない。矛盾だらけだが、誰もあまり気にしていない。

その一方で、葬儀は手の込んだものへと発達を遂げてきた。なるほど、大事なのは死者を送り出したり思い出したりする儀礼、葬式や法事であり、死者が今どういう場所にいて何をやっているかではないのだ。

実は、一見来世観がはっきりしているかに見えるキリスト教世界においても、のちの章で明らかにするように、実際にはさまざまな説が矛盾したままに語られてきたのである。

先祖という権威

霊魂の観念をめぐって、もう二つほど、確認しておきたいモチーフがある。

一つは先祖崇拝、つまり先祖の権威を仰ぐという習慣である。先祖あるいは祖先という言葉は家系を辿っていった一代目を意味することもあるが、一般には、漠然と死んだ代々の身内を指している。日本語で「御先祖様」と言ったりするように、一族にとっては権威ある存在である。

この先祖がどこに住まっているかというのは、来世の話としては重要なことであるはずなのに、これも多くの場合、かなり曖昧であるらしい。

たとえば、ソロモン諸島のクワイオ人は、いつも先祖に話しかけ、日常の出来事を先祖が何を求め何を行なうかという観点で解釈する習慣をもっている。にもかかわらず死者が先祖に変わっていく細かなプロセスについて尋ねてみても、そんなことをあえて考えてみた人は少なく、考えている人の場合も個人的に直観的に答えているだけで、話の内容にも一貫性がないという（ボイヤー）。

中国の宗教についても、昔から同様のことが指摘されてきた。儒教の本質は、現世の人間が「祖先」によって守られているという現世的関心であって、肝心の祖先の霊魂の実在や、死後世界の有り様については無頓着なのだ（マックス・ウェーバー、森三樹三郎）。

ここでおもしろいのは、先祖・祖先の具体像が曖昧であったとしても、先祖・祖先なるものの権威ははっきりしていることだ。これはたぶん、先祖という概念は、子供にとっての親、若者や未熟練者にとっての先輩、の延長線上に、共同体の成員に対する想像上のアドバイザーとして設定されたものだからだ。「死んだ人はどこに行くのか？」という来世観的テーマとは必ずしも関係のない、日常の実用的要請に対する応答だということである。

ボイヤーやデネットの推理によれば、何か迷いが生じた子供が「お母さん／お父さんなら何をするのを望むか？」と考えることで思考を秩序づけるように、昔の人々は、日常生活における迷いをめぐって先祖はどう考えるか、何をするのを望むかという手順で考えた。ここには人間の子育て期間がたいへん長いという進化論上の条件が絡んでいる。かくして先祖は権威ある存在となった。それはまた、原始的な段階の神々の観念と分かちがたく結びついていたことだろう。

生まれ変わりのモチーフ

霊魂は死後世界を旅するように描かれるのがもっぱらだが、この世に舞い戻ってくるという思想もある。生まれ変わりのモチーフである。転生あるいは輪廻とくればインド人の専売特許のように思われているが、実は世界中に生まれ変わりの思想がある。これは、基本的には、今生きている誰かが、かつて生きていた誰かによく似ているというごく内々の認識や噂に始まる思考パターンだろう。

これには、英雄的なものも庶民的なものもある。

英雄は礼賛され、カミ的な存在として記憶される。さて、今、再び英雄的な人物が現われたとき、その人物は、カミ的存在の新たな出現と讃えられるかもしれないし、昔の英雄の生まれ変わりと讃えられるかもしれない。この二つの思考は実際には区別しがたい。

庶民的な転生言説とは、新たに生まれた子が死んだ身内の誰それに似ているという類のフォークロアである。親族であれば、いずれどこかは似ているので、転生をめぐる家族神話はむしろ自然発生しやすいだろう。

転生信仰を最も体系化したのはインド人であり、逆に、転生信仰を原則的にシャットアウトしたのは、絶対神が世界を終末に導く一神教であった。これらの宗教における来世観の組織化については、次の3節をご参照いただきたい。

3　文学的・思想的な組織化

来世についての語りの進化

文明的な知恵がついてくると伝承の語り方は巧みになる。文明のもたらす災厄にまつわる怨念も増大する。思想家の操る観念も複雑化する。こうした要素が、古典的大宗教の来世観の組織化に多大な影響をもたらした。本書では、文学的レトリックの働きと、思想や倫理観の働きの二つに注目したい。

まず第一は、文学的レトリックの作用だ。

死後については、それ自体がそもそも物語として語れる。だから語り継がれていくうちに、物語としての興趣が次第に重要な役割を果たすようになっただろう。

図序－１　霊の浮遊、暗がり、光、至福は臨死体験の構成要素　ヒエロニムス・ボス「祝福された者の天国への上昇」部分（16世紀）

　ギリシア人が死後に向かう冥界を見ていくと、死者はこの世との境界をなす河を渡し舟で渡るとか、入り口で頭が三つある猛犬が番をしているとかいう話には、娯楽的な要素がある。死の本質とはかかわりがなさそうだ。もちろん、冥界の河は死は境界線だということを、渡し舟は死別の一方向性を、冥界の番犬は死の由々《ゆゆ》しさを表わしているのかもしれないし、渡し守や冥界の裁判官のビジョンは指向的構えの表現であるかもしれない。

　ともあれ、宗教の語るビジョンには、大小の無数の器用な語り手、もしくは専門の詩人による思いつきや文飾の要素があることはつねに意識しておくべきだろう。ギリシア神話の冥界探訪譚、『ヨハネの黙示録』の終末幻想、『神曲』の冥界巡り、『往生要集』の地獄ガイド、いずれも文学的興趣によって話を盛っている。あらゆる来世観は神話であり、神話はすべて文学なのである。

思想や情念からの介入

第二に、倫理的な思想や情念からの影響がある。

死後のビジョンは、道徳意識や社会正義思想などからの干渉も受ける。つまり、この世に生きる生者たちにとっての社会の規範や正義の意識から、死者の運命をめぐる伝来の神話が作り変えられていくのである。

たとえば、都市国家の正義の実現を哲学の目標と見定めたギリシアの哲学者プラトンは、正義に見合う人間が死後に天国的空間で楽しみ、正義に見合わない人間が死後に地獄的空間で苦しむというビジョンを、哲学的対話篇『国家』の幕引きにおいて、ソクラテスに唐突に語らせている。

死の倫理化には、民衆的な怨念も一役買っている。古代イスラエルでは、社会に不正義が蔓延《まんえん》していることにうんざりした民衆は、死後の報復を求めるようになった。悪人の処罰もさることながら、死んでいった善人たちに安らぎという報いを与える必要がある。

この伝統では、報復は終末に刷新された世界において霊魂プラス身体の状態でなされるのが基本だ。実は、ユダヤ教・キリスト教という聖書系の伝統、およびそれを受け継いだイスラムの伝統では、（死後の報いというよりも）終末の新世界における復活と審判というのが、最も正式の来世観となっている。

東方のインドでは、社会正義の追求よりも個人の精神のあり方という観点から、延々と続く再生の中で好ましい生に生まれたり悪い生に陥ったりするというビジョンを発達させた。生まれ変わりのモチーフを極限にまで広げたこの輪廻転生の体系には、人間の生ばかりでなく、動物（畜生）、地獄の亡者、あるいは天界の神々としての生も取り込まれている。

転生のロジックは、この世の身分や境遇の違いを前世からの自業自得とすることができるので、社会体制を正当化するイデオロギーともなった。だから輪廻信仰の強固なインドでは、カースト的身分秩序が強固に保持された。一神教の審判のロジックもまた、不信心者や異教徒を救いから排除することで差別を強化した。

以上である。古典的大宗教（仏教、ヒンドゥー教、キリスト教、イスラム教）においては、来世観はレトリックや倫理思想やイデオロギーによって保護され強化されてきた。現代人は、死にゆく人に安らぎを保証するのが宗教の役割だと思いやすいが、原初の形では、特有の神話的モチーフで固められた善悪の体系を保持することが宗教の使命であった。死にゆく人は、逸脱（罪や煩悩や不信仰）の報いの恐ろしさを噛みしめなければならない。安らぎどころではない。こうした恐怖は、宗教の世界観を世代を通じて保持するのに役立った。

死後の世界の話であれ、他の教理であれ、組織宗教の神話や教理は、言語の特性、権威構造、組織の論理、信者の利害などの総合的な作用として、変異、競争、進化を続けている。デネットはリチャード・ドーキンスに倣ってこれらのプロセスを、遺伝子（gene）に似た挙動をもつ思想や習慣の単位としてのミーム（meme）として考察可能であるとしている。

4　脳神経が見せる神秘体験

認知の歪みがもたらす神秘

最後に、臨死体験のような脳神経の作用の歪みがもたらす神秘体験と、伝統的な宗教の告げてきた来世のビジョンとの相互関係について、簡単に触れておきたい。

臨死体験の代表は体外離脱体験だが、いかにも霊魂の存在を思わせるこのオカルトめいた現象も、脳神経の見せるバーチャルなビジョンと考えるのが妥当であるようだ。

神経学者オーラフ・ブランケの二〇〇五年の論文によれば、自己の意識が（あたかも《二元論》を地でいくかのように）身体から離れて存在しているように感じられる神経学的現象には、自己像幻視（ドッペルゲンガー、身体の外部にいる「自分」を見たような気がする）、ホートスコピー（身体と身体外部の二つの「自分」のどちらが本物の自分か分からない）、および体外離脱体験（身体の外部にいる者こそが本当の「自分」で、それがベッドの上などにいる自分の身体を見下ろしているように感じる）の三つがある。いずれも脳の損傷や一時的機能障害がもたらす幻覚で、それぞれ発症する脳の部位は異なっている。

このうち体外離脱体験がとくに注目されるのは、これが臨死体験報告によく登場するものだからだ。臨死体験とは、事故や病気で死にかけたところから「生還」した人が語る、死の瀬戸際の主観的体験である。一九世紀末にすでに地質学者アルベルト・ハイムが登山家たちの臨死体験について記録しているが、この現象がよく知られるようになったのは一九七〇年代になってからである。たくさんの事例を報告した医師レイモンド・ムーディや終末期ケアの提唱者である精神科医エリザベス・キューブラー＝ロスは、臨死体験を死後の世界を垣間見たものと信じた。

しかし、ブランケは二〇〇九年の共著の論文で、オカルト的に論じられることが多い臨死体験のさまざまな症状の全般にわたって、神経学的に研究するためのモデルを提唱した。

それによると、大脳右半球のＴＰＪ（側頭頭頂《そくとうとうちょう》接合部）を主とするダメージでは、体外離脱、時間感覚の変容、浮遊感、移動、静寂などの感覚がもたらされ、大脳左半球のＴＰＪを主とするダメージでは、霊的存在の臨在あるいはそれとの対話の感覚、輝く存在、音声や音楽の感覚がもたらされる。

また、付加的に、片半球・両半球の側頭葉の一部（海馬《かいば》、扁桃核《へんとうかく》など）のダメージからは、種々の情動、人生回顧の体験が発生し、両半球の後頭葉の皮質のダメージからは、光の目撃、トンネル状の暗がりの体験などが起こると考えられるという。

なお、心停止後の細胞死の連鎖を阻止せんとする脳神経の機構におけるケタミン様物質の作用が、臨死体験時の幸福感、幻覚、鎮痛効果をもたらすという仮説もある。臨死体験にはさまざまな原因が複合的に作用しているらしい（駒ヶ嶺朋子）。

臨死体験と来世観の関係

神経学的議論はまだ発展途上だが、筆者が注目したいのは、臨死体験を構成するあれこれの要素と、伝統的な死後の世界を構成するあれこれの要素との類似関係である。

臨死体験報告が伝統的来世観の影響を受けていることは、報告されるディテールが文化によって違っていることからも明らかだ。インド人の報告にはヤムラージ（閻魔王《えんまおう》）に追い返されて息を吹き返したという民話調のパターンが多く、日本人の報告には三途の川やお花畑が登場し、アメリカ人はしばしば全知者の臨在感を報告し、それをキリストと表現する人もいる（立花隆）。いずれも、混乱した脳が生み出すカオス的な印象を、それを語る際に物語的に成形したものだと考えられる。

他方、長い歴史の中では、死に際から生還した者の臨死体験的な語りが伝統的来世観に影響を及ぼしたという流れも、当然あったのではないか。

たとえば、脳内現象としての体外離脱体験は、死んだ身体から霊魂が離れていく伝統的イメージ（オカルトで言う「幽体離脱」）の源泉であったかもしれない。体外離脱における浮遊感は、浮遊する幽霊や天使のイメージや上空にあると言われる天国のイメージに影響を与えたかもしれないし、暗闇を抜ける感覚というのは、古代風の冥界や黄泉の物語に影響をもったかもしれない。

他に、霊的存在の臨在感は先祖や神の顕現に、全知の感覚は悟りや絶対者のイメージに、光の体験は神仏の属性や比喩としての「光」に、エクスタシー体験は救済や解脱の法悦に、人生回顧の幻覚は死に際に人生をすべて回顧するという「走馬灯」に、またこれと霊的存在の臨在感が合成されて神の審判や「閻魔帳」のイメージに、ときに見られる悪夢型の臨死体験は地獄のイメージに影響をもった、ということは仮説として念頭に置いておいてもいいだろう。

PART I

古典的大宗教以前——死の文学と倫理の始まり

PART Iでは、序章の論点を具体的に確認できるような原始的な事例を四つの章で四種取り上げる。第1章で扱う古代日本の来世神話は、物理的死の現実と霊魂の行方を語るビジョンの構築の最も素朴な例である。第2章で扱うギリシア神話の来世の描写は、文学的彫琢という点がとくに注目される。第3章のプラトンなど古代の哲学者の言説や、第4章の旧約聖書の終末観は、現世における正義や倫理をめぐる思想や情念が来世観に決定的影響を与えた典型例である。

第1章　はっきりしない来世——日本神話の黄泉と常世

『古事記』や『日本書紀』で知られる日本の古代世界は、古代といってもかなり遅いもので、紀元前はるか昔に都市化を果たしたユーラシアの諸文明と比べるとずいぶん遅れており、ほとんど中世と言っていい新しさである。なにせ日本列島はユーラシアの東外れの孤島である。長い間ずっと辺境であり続けたので、おかげでギリシア神話や旧約神話と比べられるほどの古い神話的モチーフが、八世紀になっても残っていたわけだ。少なくとも、仏教、キリスト教などの古典的宗教の倫理的で観念的な来世観に染まっていない原初の素朴な思考を残していると見られるのである。

黄泉、常世、根の国——曖昧なる死者の空間

日本神話の死後の世界は一つに絞られていない。『古事記』の語る黄泉には墳墓の内部の

図１－１　『古事記』の黄泉には遺骸の崩壊を待つ風習が記憶されている
戦前の沖縄・久高島の風葬小屋

ような感じがある。常世はどこか遠くにあるものらしい。根の国は地下とも地上とも遠方とも海の底ともつかない感じだ。『万葉集』などでは山中の他界のイメージも語られている。『万葉集』ではさらに、死んだ皇族は高天原に行くという取り決めが見られる。ただし、天の岩戸に隠れることを死の隠喩としている歌もある（一九九番歌）。天駆ける霊魂のイメージと埋葬される遺骸のイメージが合体したものであろうか。

地下、遠方、海底、山中、天空の岩屋と、空間的にはばらばらである。強いて共通点を挙げるとすれば、「日常世界とは異なる遠くのどこか」ということだ。たぶん古代人も、それ以上はよく分からなかったのだろう。

こうした「よく分からない」感は、『万葉

集』第二巻にある柿本人麻呂の挽歌、「秋山の黄葉《もみち》を茂み惑ひぬる妹《いも》を求めむ山道《やまぢ》知らずも」（二〇八番歌）にも表われている。「秋山のもみじの木々が茂っている中に、もみじの魔力に惑わされて迷い込んでしまった妻。逢いに行こうと思っても、私はその山道を知らないのだ。他界へはどうやって行くのか、見当もつかない」というほどの内容である。この歌は（おそらく）歌垣で出遭った忍び妻（愛人）の死について歌った長歌に付属する反歌で、「山道」は他界（死後の世界）を意味する象徴として引き出されている。実際に山に行った話をしているのではない。

黄泉と死体の恐怖・穢れ

『古事記』などの描く黄泉《よみ》あるいは黄泉国《よもつくに》の神話は、来世空間を描写するというよりも、「死者は朽ちる」という点を強調するものだ。「黄泉《こうせん》」なるものは古代中国人が考えた比較的浅い地下世界のことで——黄土が地下水に混じって出てくるような感じだろうか？——、墳墓の内部のような地中空間である。日本ではこれを「よみ」と訓じたわけだが、この日本語は「やみ（闇）」と関係があると言われる。

イザナキとイザナミは原初の男女神として国土やさまざまな神々を産んだ。直接産んだのは女神であるイザナミだ。彼女は最後に産んだ火の神のせいで陰《ほと》を焼かれて死んでしまった。

以下、『古事記』に沿って記述していこう。

愛する妻の死に遭遇して、イザナキはたいそう嘆いた。彼は最愛の妻を出雲《いずも》と伯耆《ほうき》の国境にある比婆山《ひばやま》に葬った。イザナキは妻にもう一度逢いたいと思い、黄泉の国を訪問する。この黄泉の地理的位置であるが、地下ならどこでもいいのか、大地のどこかから特別につながっているのかは分からない。イザナキが地下に潜っていったとはどこにも書いていないという指摘もあるが、わざわざ「黄泉」の字を当てているのだから、空間的イメージとしてはたぶんやっぱり地下なのだろう。イザナキはそこへどうにかしてたどり着く。

さて、そこでイザナキが目にした死者イザナミの姿とはどのようなものであったか。

ここには二重のビジョンがある。第一のビジョンはイザナミを霊界で何らかの形で生きている存在（霊魂？）として描いている。第二のビジョンはイザナミを腐乱死体として描いている。

第一のビジョンを建前とする大枠の物語は次のように語る。

イザナミは黄泉の御殿から現われる。イザナキは、一緒に帰って国造りを完成させようと言う。イザナミは逡巡する。死者の国の食べ物を食べてしまったのでもう戻れないのだ。イザナミは黄泉の支配者らしき神に相談すると言って御殿の中に入り、私を見ようとしてはいけないと言う。この黄泉の神が何者かは分からない。

さて、イザナミは御殿に入ったきり、待てど暮らせど出て来ないので、イザナキは自分の髪に差した櫛の歯を一本取って火をつけ、灯とし、御殿の内部を覗いた。するとそこにあったのは死者の恐ろしい姿であった。第二のビジョンとしての、死体の描写である。物質的崩壊としての死の本質を直視するものだ。

『古事記』はイザナミの姿を次のように描いている。

「ウジがわいてゴロゴロ言っており、頭には大きな雷が、胸には火の雷が、腹には黒い（？）雷が、陰には割くような雷が、左手には若い雷が、右手には土の（？）雷が、左足には鳴る雷が、右足には伏す（？）雷がいた」

ゴロゴロ言うという音は、喉がぜいぜい言うことを意味しているらしいが、死にゆく人の断末魔のようにも思える。ゴロゴロいうのが雷鳴だとすれば、死体の崩壊というショッキングな出来事を、雷鳴や稲光の恐ろしさにたとえたもののようにも思える。

古代においては、貴人などの葬儀の仕方として、殯（「もがり」あるいは「あらき」と読む）といって死体を喪屋《もや》内に置いて腐敗させ、本格的埋葬まで待つ儀礼が行なわれた。それを見た人はショックだったはずであり、『古事記』のショッキングな描写はその印象を表わしたものかもしれない。

建前としては、イザナキは葬儀を済まして「霊魂」化した妻を追いかけているはずなのだが（第一のビジョン）、読んでみた限りでは、イザナミは死体そのものであり、黄泉は遺骸安置所そのものである（第二のビジョン）。黄泉が地下にあるのか地上にあるのかはっきりしないのも、この矛盾と関係がありそうだ。

生と死の対決

イザナキの黄泉探訪が、生の否定としての物理的死を直視する物語なのだとすれば、この神話の後半が、イザナキとイザナミの対決を描いている意味がはっきりする。そこではイザナキは生の寓意像、イザナミは死の寓意像となっている。

死体を見たイザナキは逃げる。イザナミは「恥をかかせた！」と呪って、幽鬼《ゆうき》のような女たちにイザナキを追わせる。ここで、逃げるほうが物を捨てて相手に拾わせ時間稼ぎをするという、どたばたコメディに似た定型パターンが挿入される。イザナミの身体に湧いた雷たちも追いかけてくるが、イザナキは黄泉とこの世の境界である「黄泉比良坂《よもつひらさか》」にあった桃の木の実を投げつけ、その呪力によって黄泉軍団を退散させる。

最後にイザナミ自身がやって来る。イザナキは大きな岩で坂を塞ぐ。イザナミが「私はあなたの国の人間を一日に千人殺そう」と言うと、イザナキは「私は一日に千五百の産屋《うぶや》を建ててみせよう」と返す。死より生のほうが一・五倍も勢いが強い。どうやら生命力は滅びの力を凌駕《りょうが》するらしい。

このあと、イザナミは死の寓意としての「黄泉津大神《よもつおおかみ》」となり、イザナキは生の寓意として皇祖の神々を単独で発出する。

生者と死者とを対決させるこうしたモチーフは、原始時代の世界各地に見られる、死体を縛る、折り曲げるなど、死者に対して「敵対的な」埋葬方法を思わせるものでもある。神道では後世に至るまで、死を「穢れ《けが》」として扱っているし、中世の怨霊信仰や近世以降の怪談のように、死者と怨みのイメージは強く結びつく傾向がある。

黄泉の神話の基本的トーンもまた、死への恐れと穢れの意識であるが、ただし表現の上ではブレがある（二種のビジョンが衝突している）。物語の冒頭ではイザナキは死者イザナミを愛しく思っているし、最後の会話でも「愛《うつく》しき我が汝兄《あなせ》（いとおしいあなた）」「愛しき我が汝妹《なにも》（いとおしいおまえ）」と呼びかけている。こうしたロマンチックな感情はこの物語にしっくり統合されていないようだ。

イザナキによる黄泉降りの物語は、このように、死が人間にとって都合のいいおとぎばなしになってくれないこと、むしろ生きるとは死んでいないことであり、死ぬとは生きていないことだという、どうしようもない不都合な事実を暴露しているのであった。

オルペウスの冥界降り

ここで、イザナキの黄泉降りに似ていることで知られる古代ギリシアの冥界降り神話に目を通し、比較してみたい。

伝承によれば、楽人オルペウスは、死んだ妻エウリュディケーを追いかけて冥界まで降りていった。起源的にはオルペウスは太鼓をおどろおどろしく鳴らして霊魂を追いかけるシャーマンのような存在だったのかもしれない。だが、前五世紀の演劇では、歌い手ないし楽人《がくじん》として言及されている。エウリピデス《エウリーピデース》は、作中人物である王に「もし私にオルペウスのような歌声や楽の才があったなら、冥界から妃を連れ戻してやるものを」と語らせている（『アルケースティス』）。

最も詳しい記述は、西暦紀元頃のラテン詩人、オウィディウスの叙事詩『変身物語』の中にある。このバージョンでは、オルペウスは冥界の王ハーデースに歌を聞かせ、妻を地上に送り返すよう説得する。歌のレトリックはかなり巧みで、自分が冥界まで死者を追いかけてきたのは愛のなせるわざだということ、そして地上から妃を奪ったことで知られる冥王自身も愛のパワーを知っているだろうということ、また、あらゆる人間は最後には冥王のもとに行くのだから、今ちょっとだけ妻を貸してくれてもいいではないかということを、長々と弁ずる。冥王はエウリュディケーの引き渡しに応ずるが、ただしオルペウスに対し、地上に着くまで「振り返って妻の姿を見てはならない」という条件をつけた。だが、オルペウスはこの約束を破った。他ならぬ愛ゆえに振り返らずにはいられなかったのだ。妻は闇の中へと消えていった。

見ての通り、イザナキの黄泉降りの物語よりも、文学としてははるかに発達している。死者は腐乱死体ではなく、愛の偉大さが饒舌《じょうぜつ》に語られている。ここで省いたディテールには、冥界の河アケローンや渡し守カローン、冥王ハーデースと冥王妃ペルセポネー、冥界の番犬ケルベロス、冥界の亡者たちも登場し、舞台の描写が充実している。

とはいえ、生と死が相容れないということを描いているという点では、イザナキ神話もオルペウス神話も同じである。イザナキ神話において死に対抗するのは生殖力であり、オルペウス神話において死に対抗するのは愛（エロース）である。エロースは恋愛の情動のみならず森羅万象の結合力として語られる概念であり、イザナキ神話における生殖力と同じくらい包括的な原理だ。

なお、ギリシア神話と日本神話のいずれにおいても、死をめぐる「タブー破り」が物語の動力源となっている。オルペウスとイザナキは禁止されているにもかかわらず、死者の姿を見ようとした。また、どちらの伝統にも、生者は死者の食べ物を食べてはいけないというモチーフがある。ギリシア神話では、地上から嫁いだ冥王妃ペルセポネーは冥界の食べ物を食べることで地上に戻れなくなったとされている。

こうしたタブー破りのモチーフは、一つには、生と死の断絶を強調するために語られているのであろうし、また一つには、物語の展開を促す仕掛けとして用いられているのであろう。物語にとって便利であるからこそ、時代を超えて受け継がれたのかもしれない。

常世と根の国

話を日本神話に戻そう。日本神話において語られている代表的な死後の世界は黄泉であるが、これに匹敵する重要性があるとされているのが、「常世《とこよ》」「常世国《とこよのくに》」の名で知られる他界である。これはイザナキ神話のように物理的死にかかずらうところのない、いとものどかな、霊魂の存続のビジョンである。

『古事記』『日本書紀』の中では、スクナビコナと呼ばれる小人のような神がこの常世と結びつけられている。スクナビコナは穀類の種の精であるらしい。オホクニヌシという名前からして大柄そうな豊穣神とタッグを組んで農業国家の振興に努めていたのだが、あるときふいに常世国に飛んでいってしまう。消えていなくなった場所は、『日本書紀』では出雲の熊野か伯耆の淡島となっているが、淡島のバージョンでは、彼は粟茎《あわがら》に登って弾かれて常世に飛んでいったのだとか。種の精だけあって風に乗ってどこまでも飛んでいけるのだろう。

スクナビコナは『古事記』の記す神功皇后の歌の中にも出てくる。やはり常世の神だとされ、祝福によって美酒をどんどん生み出す。常世そのものについての具体的描写は見当たらないのだが、死者の国というよりも楽園的な異郷を意味している。『常陸国風土記《ひたちのくにふどき》』では常陸の国土を礼賛して、ここは恵まれた土地だから昔の人の言った常世とはここのことだろう、と言っている。

楽園といえば、中国神話には仙人の住む神仙郷や蓬萊山《ほうらいさん》がある。仙人は不老不死なる存在だが、日本の常世のイメージにも不老不死性があった——というか、これは中国神話の影響だろう（第13章参照）。『万葉集』の六五〇番歌では、若返った人のことを常世にいたのかと詠んでいる。『古事記』などのアマテラス神話では、神が岩戸に隠れたときに、この太陽神の復活を誘うべく神々はニワトリどもを鳴かせる。鳥たちは常世長鳴鳥《とこよのながなきどり》と呼ばれている。

ちなみに、ギリシア神話にも、常世的な来世がある。冥界ハーデースは陰鬱な空間であるが、エーリュシオンなる空間は一種の楽園であり、神話的な英雄が住まうとの噂だ。他に、幸福な者たちの住まう浄土としてのマカローン・ネーソイ（幸福の島々）というものもある。どちらもどうやら西方にあるらしい。とはいえ、常世がそうであるように、エーリュシオン

図１－２　死者が死後の世界に向かう。舟も鳥も死後の旅の象徴
珍敷塚古墳壁画（６世紀）

や幸福の島々の具体的な有り様はあまりよく分からない。

なお、豊穣神（オホクニヌシ）、穀類の精（スクナビコナ）、他界（常世）のつながりは、豊穣の女神デーメーテールの娘である穀物の精霊ペルセポネーが冥王ハーデースの妃であるという連関ともパラレルだ。植物の種は土に潜って（死んで）から芽吹く（復活する）ものだから、大地との縁から言っても、死と再生の循環から言っても、豊穣関連の神話は冥界や他界の神話と縁があるのだ。

最後に、常世とも黄泉ともイメージが重なるもう一つの他界概念、「根《ね》の国」「根の堅州《かたす》国」にも触れておかなければならない。『古事記』ではイザナミと別れたイザナキが単性生殖で生んだ海あるいは暴風の神スサノヲが、「妣《はは》の国」たる「根の堅州国」に行きたがったとある。「妣の国」とは母系の先祖の国のことだと言われている。

神主が唱える祝詞《のりと》の中にも「根の国」が出てくる。『延喜式』にある大祓《おおはらえ》の祝詞《のりと》によれば、「祓へたまひ清めたまふ」と言って祓われた我々の罪や穢れは、各地の水系に沿って流れ下って海に流れ込み、そのあと大海原を遠く遠く運ばれてゆくとされる。そして、イブキドヌシという神が「根の国」「底の国」に吹き払うという。これは地下と考えるのは無理があるので、海底でないとしたら、海の彼方のどこかだ。

どうやらこの「根の国」は常世に近いものであるようだ。常世（遠方の楽園）もしくは根の国（ルーツの国）の概念に加えて、沖縄の海上はるかな他界とされるニライカナイなどを参考にして考察を重ねた民俗学者の柳田國男《やなぎたくにお》は、こうした海の彼方の世界こそが、日本人の先祖の国ないし死後の世界の基本であると考えた。

現世の延長としての他界？

世界には、常世や根の国に類する楽園的な他界を、来世観の標準としている民族も多い。そうした民族にとって、来世とは暗く儚《はかな》い世界ではなく、現世と同様の物質的な暮らしの待っている空間だ。よく知られたところでは、古代エジプトの神話では、冥界にもナイル河があって、死者たちは灌漑《かんがい》をやりながら農作業に励んで暮らす。

人類学者ルース・ベネディクトによれば、カリフォルニアの先住民族セラーノ族は現世型の他界観をもっている。おもしろいのは、イザナキやオルペウスのようにして生者がそこを訪れるという伝承があることだ。

内容を要約しよう。若妻を殺害された狩人の若者が、火葬の燃えかすを見ていると、大きな灰の塊が浮き上がり、死んだ妻の姿になる。二人は死者の国まで歩いていく。境界線に川があるが、妻は夫を背負って渡す。死者の国には、すでに亡くなっていた妻の両親や兄や姉がいた。彼らは、死者の食べ物が食べられない生者のために特別な食べ物を用意してくれる。若者は狩りで手柄をたてて、死者たちに信用されるようになる。死者たちは二人を生者の国に送り返すことを決める。

ただし条件がある。生者の国に戻っても、三晩にわたって愛を交わすことを控えなければならない。この世に戻った二人は禁欲し、四日目に交わった。だが、これは失敗であった。死者の三晩は生者にとって三年に相当するのだ。夜明けに若者が起きると、妻の姿はなかった。

タブー破りの失敗があるなど、イザナキの黄泉降りを思わせる話だが、セラーノ族の死者はまったく現世的な暮らしをしており、生者よりも元気であるし、実践的な知に関して、生者よりも賢いようでもある。黄泉より常世に近い。死者は総体としての「先祖」として生者より優位な位置にあるように見える。

次に紹介するパプアニューギニアのカリアイ族の死後世界も、現世の延長のような空間だ。人類学者ドロシー・A・カウンツは一九八一年に、現地で次のような臨死体験談を採録した。

ある若者が病死した。だが、墓に入れられる前に息を吹き返し、臨死体験を語った。それによると、死んでまもなく、お花畑を歩く自分の姿に気づいた。やがて一つの村に到着し、高床式の家の梯子《はしご》を上って中に入ると、「まだお前の来るべき時ではない」という声がした。やがて家が空中で回転を始める。地上に降ろされた彼が家の中を覗き見すると、中ではさまざまな人が働いている。鉄工作業をする者、船造りをする者、自動車を組み立てる者がいる。再び「お前は帰らなければならない」という声が聞こえ、光の筋に沿って森の道を歩いていくと、自分の家に着き、息を吹き返した。

ニューギニアを含むメラネシアの人々は近年まで狩猟採集生活を送ってきたが、白人文化に接するようになってから、カーゴカルトと総称されるあれこれの独特な新宗教を生み出した。それによると、カーゴ（すなわち大量の物資や機械）を所有している白人たちは、一種の精霊的な存在である。彼らの有する物資は本来なら自分たちの祖先が子孫へと送って寄越《よこ》すべきものなのだ。この臨死体験談に出てくる船造りや自動車組み立てなどのビジョンは、まさしく先祖たちがカーゴを生産しているところなのだろう。実に物質主義的、世俗的である。

カーゴカルト的想像力は、日本でも無縁ではない。江戸時代に広まった宝船信仰——大黒天《だいこくてん》、恵比寿《えびす》、布袋《ほてい》、福禄寿《ふくろくじゅ》、毘沙門天《びしゃもんてん》、弁財天《べんざいてん》、寿老人《じゅろうじん》というインド・中国・日本の神々がカーゴを積んだ船に乗ってやってくるとされる、めでたい財宝神神話である——は、古代の常世信仰と現代メラネシアの祖先信仰の両方をつなぐような信仰体系である。

ともあれ、死後の世界のビジョンとしては、黄泉・冥界系のものよりも、常世・根の国・カーゴカルト系のもののほうが有難い。古典的大宗教の来世観との類比では、黄泉・冥界系のものはいわゆる「地獄」や「煉獄」の先駆と言えるし、常世・根の国・カーゴカルト系のものは「天国」や「浄土」の先駆と言えるだろう。

第2章　詩人の修辞――ギリシア神話のハーデース

日本神話が日本に仏教という古典的な大宗教が移入される以前の原始的な思考を示しているように、ギリシア・ローマ神話は、西洋が一神教化する以前の、やはり原始的な来世観を記憶するものである。

ギリシア・ローマ神話は、今日の西洋においても古典としての重要性を保っている。本章では、古代の来世神話を単純に紹介するのではなく、我々の知る物語が、詩人たちのレトリックの彫琢を受けた「娯楽」的なものであることに焦点を置くことにしよう。

多重な《指向的構え》と言葉の巧みさ

ホメロスやソクラテスはギリシア人であり、用いていた言語はギリシア語である。遅れてギリシアから諸文芸を学んだローマ人の言語は、ラテン語である。どちらの言語もインド＝

ヨーロッパ語族に属するが、まったく別の言語だ。神の呼び名も異なっており、主神の雷霆《らいてい》神はギリシアではゼウス、ローマではユーピテル（英語読みでジュピター）、美神はギリシアではアプロディーテー、ローマではウェヌス（ビーナス）、といった具合だ。

ローマの詩人は、ギリシア神話のモチーフをそのまま受け入れて、ラテン語で詩作した。前章で紹介したオルペウスの冥界降りは、ローマ人オウィディウスのバージョンだ。本章では、やはりローマ詩人のウェルギリウスの『農耕詩』に挿入されたエウリュディケーの嘆きのシーンを例に挙げて、その文学的技巧を簡単に確認しておこう。オルペウスは振り返ってしまった。エウリュディケーは冥界から出られなくなった。彼女の嘆きの部分を、なるべく平易に訳してみよう。

……オルペウス、哀れな私そしてあなたを破滅させたのは
どんな狂乱なの？　見て、またもや無情な
運命たちが私を呼び戻し、目は眠りへと溺れていく。
もはやお別れ。大いなる夜に包まれ、私はさらわれていく。
あなたに差し伸べるこの手も、もはやあなたのものじゃない！

（『農耕詩』第四巻四九四〜四九八行）

オルペウスの「狂乱（過誤）」によりエウリュディケーは再び眠らなければ——死ななければ——ならず、オルペウス自身もまた再び孤独に陥らざるをえない。すなわち「破滅」である。人の寿命の長さを決定するという「運命」の女神たちが、再びエウリュディケーを捉える。「目」はかすみ、意識は薄らいでいく。死は闇すなわち大いなる「夜」だ。もはや互いに抱き合うこともできず、オルペウスはエウリュディケーの「手」を取ることもできない……。

このようなセリフは近代演劇でも使えそうだし、ハリウッドのヒロインに語らせてもおかしくはない。ここには意識の消失、他者との別れ、不条理なものという三つの死の理解がある。作者自身の三つの理解を、死にゆくヒロインが語ってみせているのである。

意識の消失は紛れもないリアリティだが、詩人はこの消失を「破滅」「眠り」「夜に包まれ」といった言葉で、死者自身の心理描写として描いている。

他者との別れもまた、死者を見送る側の心のドラマを鏡像関係にある死者の意識に移したものと言うべきだろう。オルペウスはもはや妻の手を取れないということを妻の側から描写するのだ。そしてこれは、（変幻自在の神プロテウスの語りを介して）二人の状況を俯瞰している詩人＝読者自身の視点である。デネットのいう指向的構えが、多重に畳み込まれている。

死の不条理性は「運命たちFata」が要約している。これはfatum（運命）の複数形で、運命の女神たち（パルカエ、ギリシア語ではモイライ）を指す。古代の多神教において運命は絶対者的な地位にあり、ゼウスのような神々でさえ従わなければならない。運命の展開は誰にも分からない。死にゆく者自身がその不条理を要約して述べたのである。

このように、ウェルギリウスは死のプロセスを指向的構えを屈折させた心理描写に託すことで、死をめぐる認知や知識を「文学」へと昇華しているのである。

死すべき者、人間

冥界はギリシア語でハーデース（語源は「見えない」）であり、冥王もまた同じ名で呼ばれた。ラテン語では冥界はインフェリー、冥王はディース、プルートーなどと呼ばれた。基本的にローマ詩人たちの歌う神話世界は、ギリシア神話の引き写しあるいは応用編であると考えてよい。

古代ギリシアの一般民衆は死後世界についてあまり明確なイメージをもっていなかった。民衆にとって大事なのは死の儀礼と先祖供養だった。葬儀に関しては、今日の我々の「通夜」や「納棺」に相当する儀式を行ない、そのあと死者は墓に収めるか墓の傍らで焼くかされた。供養の宴がそれに続いた。墓には飲食物がお供物として捧げられた。生前の死者のレリーフが施された立派な墓標がたくさん残っている。年中行事のお祭りの期間に、先祖を丁重にお迎えするなどの行事もあった。

大小の詩人たちは、想像力を羽ばたかせ、天や地にあふれる神々や半神、妖精たちの神話を好き好きに語ったが、それらは性質上そのまま永生の世界、つまり半ば楽園・天国的な世界だったと言えるだろう。すると、ゼウスに見初められ誘拐されたトロイアの王子ガニュメーデースなどは、人間の身でありながら天国暮らしをしているようなものとなる。同様に、神々の罰を受けたシーシュポス（後述）などは、世界のどこかで永遠に罰を負わされることになり、これは地獄のビジョンに近いものとなる。

図２－１　冥王ハーデースと冥界を番する三頭犬ケルベロス　２世紀

とはいえ、こうした例外的な暮らしがギリシア神話の来世を形づくっていたわけではない。ギリシア人は、「死すべきもの（トゥネートイ、ブロトイ）」としての人間と「不死なるもの（アータナトイ、アンブロトイ）」としての神々とを対比的に捉えた。したがって、人間の運命としての「死」の先にある世界、冥界ハーデースは、必然的に滅びの意味合いを強く帯びたものとなるわけだ。

死後の世界は、生が滅んだ、哀しい淡い世界なのだ。来世観は曖昧であったが、詳しく描くとき否定的な描き方になるのは避けがたかった。

では、大詩人ホメロスはこの冥界をどのように描いているだろうか？

ホメロスの語る冥界探訪譚

ホメロス《ホメーロス》は前八世紀頃の詩人だ。たいへんに古い。オウィディウスやウェルギリウスとの時間差は、中世と現代との時間差に匹敵する。

ホメロスの長編叙事詩としては、英雄アキレウスを中心にトロイア戦争を歌った『イーリアス』と、この戦争で活躍した智将オデュッセウスの後日の冒険を描いた『オデュッセイアー』の二つがある。この『オデュッセイアー』の中の一挿話として、オデュッセウスの冥界探訪が語られている（第一一書）。

オデュッセウスはトロイア戦争が終わると、すぐに故郷の島に帰ってくるはずだったのだが、海神ポセイドーンの呪いを受けたため、なかなか故郷に帰りつけない。彼の船は地中海中をうろうろし、不本意ながらあちこちで冒険をさせられる。

あるとき彼はキルケーという名の魔女の島に滞在する。魔女は彼に、冥界を訪ね、今は死者となった有名な予言者テイレシアースに自らの運命を告げてもらうべきだと告げる。冥界は、大陸をぐるりと取り巻く外洋オーケアノスの果てにある。オデュッセウスは助言に従って海を越え、闇に包まれた国にたどり着く。

オデュッセウスはまず地面に穴を掘って、そこにお供えの乳や酒などを注ぎ、生贄《いけにえ》の羊を捧げる。古代人は、世界中どこでも、神々や先祖に犠牲獣のお供えを捧げた。やがてさまざまな者たちが暗闇《エレベウス》から亡霊の形で出現し、犠牲獣の血をすすり始める。みな恐ろし気な叫び声を上げている。

さて、興味深いのは、死者たちの姿である。お目当てのテイレシアースが出現する前に、青年、老人、猛きもののふ、やさしき乙女など、さまざまな亡者が群がってやってくるのだが、その姿はどうやら死んだときの傷や病状をそのまま身体に刻印したままであるらしい。戦死した兵士は血まみれの甲冑を身につけている。

現代でも、通俗映画に出てくる死者のイメージは、死んだときの姿そのままだったりするものだが、ホメロスの採用した演出法もそれであった。『古事記』の描くウジのたかったイザナミほどの生々しさはないが、それでも死の即物的リアリティを保持している。

さて、いよいよテイレシアースが現われる。予言者は犠牲獣の血溜まりの血をすすって一息ついてから、オデュッセウスの身の上に関してお告げをする。その内容については、ここでは省いてもいいだろう。苦難の旅はやがて終わるべし、帰郷後に一悶着《ひともんちゃく》あらん、されど雄々しく立ち向かうが吉、といったところだ。

大事なのはあくまで現世

オデュッセウスに向かって、テイレシアースは言う。わざわざこの光も射さず何の楽しみとてない冥界なんぞにやって来たとは、お前さんも気の毒な男だ――。

冥界はよほど退屈なところなのだろう。オデュッセウスはアキレウスの亡霊にも遭うが、憂鬱そうなのはこの勇者も同じだ。

オデュッセウスは彼を元気づけようとする。君は神々と比べられるほどの英雄だ、死んだとて名誉は揺るがぬ。しかしアキレウスは、しみじみと語る。非常に有名なシーンだ。

地上で生きられるなら、ただの貧乏な小作人になったってかまわない。他人の畑で働かされるのでも、今よりはずっとましだ。死者たちの王になったとしても、地上の貧農の

暮らしにはかなわない。（第一一書、四八八〜四九一行、要約）

オデュッセウスは、亡くなった自分の母親の姿も目撃する。母は息子がなかなか帰ってこないので、悲嘆のあまり死んでしまったのだ。オデュッセウスが感極まって、愛しい母に手を伸ばすのだが、そのたびに死者の姿が後ろに引いてしまう。もう一度やっても、さらにもう一度やっても駄目だった。まさしく幽霊だ。

冥界はこのように寂しいところであり、死者たちは憂わしい生を営んでいる。それはキリスト教や仏教などの説く倫理的な懲罰の場としての地獄ではない。むしろ、死とは滅びであり、死んで花実が咲くことはないという現実認識を、メロドラマ的に描いたものだ。

地獄の先駆形？

さて、冥界そのものは地獄ではないが、オデュッセウスの目撃した亡者の中には、例外的に地獄的な運命を背負った者たちもいる。

ティテュオスは地面に縛りつけられ、ハゲタカに肝臓をつっつかれている。タンタロスは水につかりながらも飲もうとすると水面が引っ込む。頭上に果物が実っているのに、手を伸ばすとそれも引っ込む。飢えと渇きに苦しむのは、仏教神話の餓鬼《がき》と同じ境遇だ。

図2－2　水も飲めず果実も食べられないタンタロスの苦難　ベルナール・ピカール画・部分（18世紀）

次に、シーシュポス（シジフォス）は岩を抱えて山を登るように命じられているが、山頂に到着するや岩はがらがらごろごろふもとまで転がり落ちてしまう。何度やっても同じである。

いずれも絶望的境遇であるが、神話の意図としては「悪いことをするな」という倫理的戒めというより、神々に逆らった神話的人物の個別的運命をおもしろおかしく描いたものである。シーシュポスなどはゼウスが娘をかどわかそうとしていたので、娘の親に通報したからこんな目に遭っているとも伝えられており、道徳的に問題を抱えているのは神様のほうではないかと現代人なら疑ってしまうだろう。

これらの民話的モチーフをホメロスは冥界探訪譚の中に組み込んではいるが、それが死後の境遇だということに、たぶん力点はない。たとえば、肝臓をつつかれる懲罰であれば、人類のために火を盗んだ神プロメーテウスも、ゼウス大神より同様のお仕置きを受けている。

これは明らかにこの神の死後の話ではない。神は死なないのであるから。

ところで、古代ギリシアの神話世界には、区画された懲罰空間としての地獄を思わせるものはなかったのだろうか？

あった。それはふつうの冥界よりももっと下にあると想像されたタルタロスである。これが最初に登場するのは、来世神話ではなく、太古の神々の闘争の神話だ。

天地の始まりからオリュンポスの神々の権威が確立するまでの間に、天界では熾烈な戦いが繰り広げられた。天界の政治闘争に負けた神々や神々級の怪物たちは、大地の土台に穿《うが》たれた穴のようなところに幽閉された。これが神話の奈落空間、タルタロスである（カナで書くと先ほど出てきた人名タンタロスと紛らわしいが、無関係である）。

ヘーシオドスの『神統記』によれば、地上から鉄床《かなとこ》を落として十日目に到達するという大地の深淵に、この空間がある。大地がガイアという女神であるように、大地の穴であるタルタロスもまた神として表象されている。

タルタロスの中に幽閉されているのは、基本的に、天界のゼウス王朝の前の前の代に生まれた怪物たちと、前の代の巨神《ティーターン》たちである。ゼウスの祖父や父の世代の神々だが、天界の独裁体制はこれらを嫌って地下深くの監獄に放り込んだのだ。

ウェルギリウスの冥界ランド

ギリシアにホメロスあれば、ローマにウェルギリウスあり。ウェルギリウスはそういう大詩人である。彼はローマ建国の英雄アエネーアースの事績をラテン語で歌った長編叙事詩『アエネーイス』（前一世紀）の中に、大先輩ホメロスに倣って、主人公の英雄が冥界を探訪するシーンを挟み込んだ（第六巻）。

この探訪譚では、冥界の地図が断然詳しくなっている。地下の河、渡し守、冥界の番犬がしっかり描かれるほか、冥王の城があり、地獄的空間としてのタルタロスと天国的空間としてのエーリュシオンが冥界の中にはっきりと組み込まれて、さらに二次的な小区分もたくさん施されている。いわば冥界が一種のテーマパークのように整然と区画されるようになったのである。

冥界の区分けの発想は、こののちのさまざまな来世観に影響を与えた。たとえば一四世紀にキリスト教的な来世観を描いたダンテの『神曲』は、地獄、煉獄、天国の三つの来世を地理的に配分し、それぞれをさらに細かな小区画に分けて示している。（ちなみにダンテは、地獄篇と煉獄篇の案内人として他ならぬウェルギリウスを選んだ。）

というわけで、今度はウェルギリウスの描く冥界ランドを眺めてみよう。ラテン語の詩だが、固有名などはギリシア語で統一しておく。

さて、英雄アエネーアースは巫女《みこ》シビュラに連れられて、現ナポリ近郊のアウェルヌス湖という火山湖のほとりの洞窟から冥界に向かった（冥界につながる洞窟の類はギリシア・ローマ世界の各地にあった）。洞窟の中で供犠を行なうことで、冥界への通路が開かれる。

【前庭】冥界の前庭には、キマイラ（いくつかの動物の合成体の体をもつ怪物）やゴルゴーン（頭髪が蛇となっている女の怪物）とともに、「嘆き」「憂悶」「病い」「老年」「恐怖」「窮乏」「飢餓」「死」「苦難」「戦争」「復讐」「不和」といった寓意的存在が棲息している。「睡眠」もあるが、これは死の兄弟とされるものだ。

【境界の河】冥界に河が流れ、渡し守がいるというのは、昔から言われていたことだが、ウェルギリウスはこれを詳しく描いた。冥界は河で囲まれている。アケローン（悲痛）、ステュクス（嫌忌）、プレゲトーン（火炎）、コキュートス（嘆き）という四つの河が言及されている。アケローン河には渡し守がいて、名をカローンと言う。怖い顔をした老人だ。（ちなみにローマ人たちは葬式を行なう際、カローンに渡せるようにと死者に貨幣を持たせたと言われる。日本の「六文銭」の風習に似ている。第13章参照。）

アエネーアースは、冥王夫妻への贈り物である黄金の小枝をカローンに見せ、無事冥界内部まで渡してもらう。舟を降りると、そこには冥界の番犬ケルベロスがいる。頭が三つあるとされる獰猛な犬である。

図２－３　冥界のアケローン河を渡すカローン　ホセ・ベンリューレ画（20世紀）

【冥界内部Ⅰ――嬰児や自殺者たちの空間】冥界の中に入ると、まず、生まれてすぐに死んだ嬰児《えいじ》たちの区画があった。（後世のキリスト教では幼児洗礼を受けずして死んだ赤ん坊が地獄でも天国でもない辺獄《リンボ》という区画に送り込まれた。地下の浅いところにあり、ウェルギリウスの影響を受けているようだ。）

嬰児に続いて現われたのは、冤罪による死者や自殺者たちである。変則的に人生を終えた者という意味で、嬰児の亡者に近いカテゴリーにあるのだろう。ここで詩人は、冥界の裁判官ミーノースに言及する。（ミーノースを裁判官としたのもウェルギリウスの創作ではない。クレタの伝説的な王である。ミーノースは善政をもって知られ、その縁で死後世界でも公正な裁き手とされるようになったらしい。冥界の裁判官としては、他に、ラダマンテュスやアイアコスの名が知られている。）

　アエネーアースらの一行はさらに先に進み、「悲嘆の野」というところで、恋愛がらみで死んだ者たちに出遭う。アエネーアースがかつて恋したカルタゴの王女ディードーもここにいる。さらに奥に進むと、トロイア戦争などの武勲の誉れ高き者たちが群居する区画に到達する。

【冥界内部II——タルタロスとエーリュシオン】そして道が二手に分かれるところに出る。巫女シビュラは、右側の道は冥王ハーデース（ラテン語でディース）の城下に通じ、そちらにはエーリュシオン（エーリュシウム）があると告げる。そして左側の道はどんどん下降し、懲罰空間であるタルタロス（タルタルス）の城門に達するのであると。

　シビュラの解説によると、タルタロスの最下部には、大神ゼウス（ユーピテル）が堕《お》とした巨神族がのたうっている。タルタロスの別の箇所には、大罪を犯した人間どもが投げ込まれている。身内を欺いたり手をかけて富を占有した者、祖国や王に謀反を働いた者、不義密通を働いた者などである。罰の方法には、岩を絶えず運ばなければならないとか、車輪のスポークに張り付けられて転がされるとかがあるらしい。

　他方、楽園エーリュシオンのほうは、光あふれる土地であり、快い草原のようなところだ。地下でありながら地域限定版の太陽の恵みを受け、星なども見える。住人は冥界の亡者というよりも常世の住人に近い感じで、スポーツに興じたり歌や踊りを楽しんだりしている。

【転生と宇宙回帰】この楽園の向こう側にはレーテー（忘却）河が流れている。この水を飲んだ亡者はそれまでの記憶をすべて失くし、この世へと転生する。人間や動物の霊魂は天なる宇宙の気に発するものだが、地上暮らしをするうちに身体が悪しき行為に馴染んでしまう。蓄積した罪は冥界にて浄化される。それでも、浄化を完成させて天なる宇宙に帰還できる者は、わずかしかいない。解脱は稀なのだ。大多数は一〇〇〇年間ほど楽園暮らしをしたのち、レーテーの水を飲んで再び地上に帰る。

ウェルギリウスの描く冥界は、以上見てきたように区画分けされている。彼は伝統的な冥界ビジョンに地獄化したタルタロスと天国化したエーリュシオンを組み込み、さらに冥界ランドの全体を転生のための訓練所のように描き、その転生と対比して最終的な解脱のビジョンも書き入れたのであった。

もちろんこれはあくまで詩人が意識的に歌い上げた文学的創作物であり、一般のローマ市民たちがこんな来世観をふつうにもっていたわけではない。転生の部分などは、次章で示すように密儀宗教やプラトン哲学からの借り物だろう。詩を聞かされる当時の鑑賞者たちは、これを文字通りの来世の運命としてではなく、人生訓をたっぷり含んだ寓話のようなものとして聞いたことだろう。

第3章　思想家の正義——密儀宗教とプラトン

ウェルギリウスの冥界はテーマパークめいていたが、そこにはすでに、現世の生き様による応報のビジョンが定着していた。そこでは転生や解脱に似た思想も語られていた。

死後の運命を倫理的に選別する思想は、民衆の信仰でも詩人の思いつきでもなく、一部の宗教家や哲学者の思想に準ずるものであった。

中でも重要なのは、プラトンの思想である。彼は、都市国家の正義の実現のためには、人々が現世で哲学に邁進《まいしん》するのみならず、死後の応報を信じておく必要があると考えた。

プラトンとは逆に、来世の否定に向かった思想家も多い。ともあれ、エリート知識人層から見れば、民衆の漠たる冥界信仰も、詩人の冥界絵巻もとるに足らないものだった。

密儀宗教——オルペウス教団とピタゴラス教団

古代ギリシア人の宗教は原始的な神道などと同じく、一般民衆が村単位、家族単位でそれぞれに奉じていたものだが、一部に教団あるいは秘密結社めいたものもあった。密儀宗教などとも呼ばれる。植物をめぐる女神たちデーメーテールとペルセポネーの不死性と関係のあるエレウシスの儀礼や、やはり大地・冥界と関係のあるデルポイの神託などがあるが、詳細は知られていない。

密儀宗教として代表的なのは、オルペウス教団とピタゴラス教団だ。どちらも精神上・霊性上のエリートたちが向かうべき理想の来世を説いている。

オルペウス教《オルピスモス》は伝説的詩人オルペウスが創始したとされる宗教である。オルペウス教と神話のオルペウスの関係ははっきりしない。エウリュディケーを追いかけて死の境界線の向こうまで行ってきたその人をめぐって詩人たちが伝えるハーデースの有り様と、オルペウス教の説く輪廻的な来世観とは、だいぶ様子が違っている。

この宗教の起源はギリシアの外部にあるらしい。前七〜六世紀にアテネの周辺とギリシア系市民の住む南イタリアを中心に、各地に広まったという。一般のギリシア神話の伝える創世神話と異なる宇宙生成論をもっており、人類は、邪悪な巨神たちの性格と、ゼウスの子であるザグレウスの性格とを受け継いでいる。身体は牢獄であり、霊魂は死後にこの牢獄を離

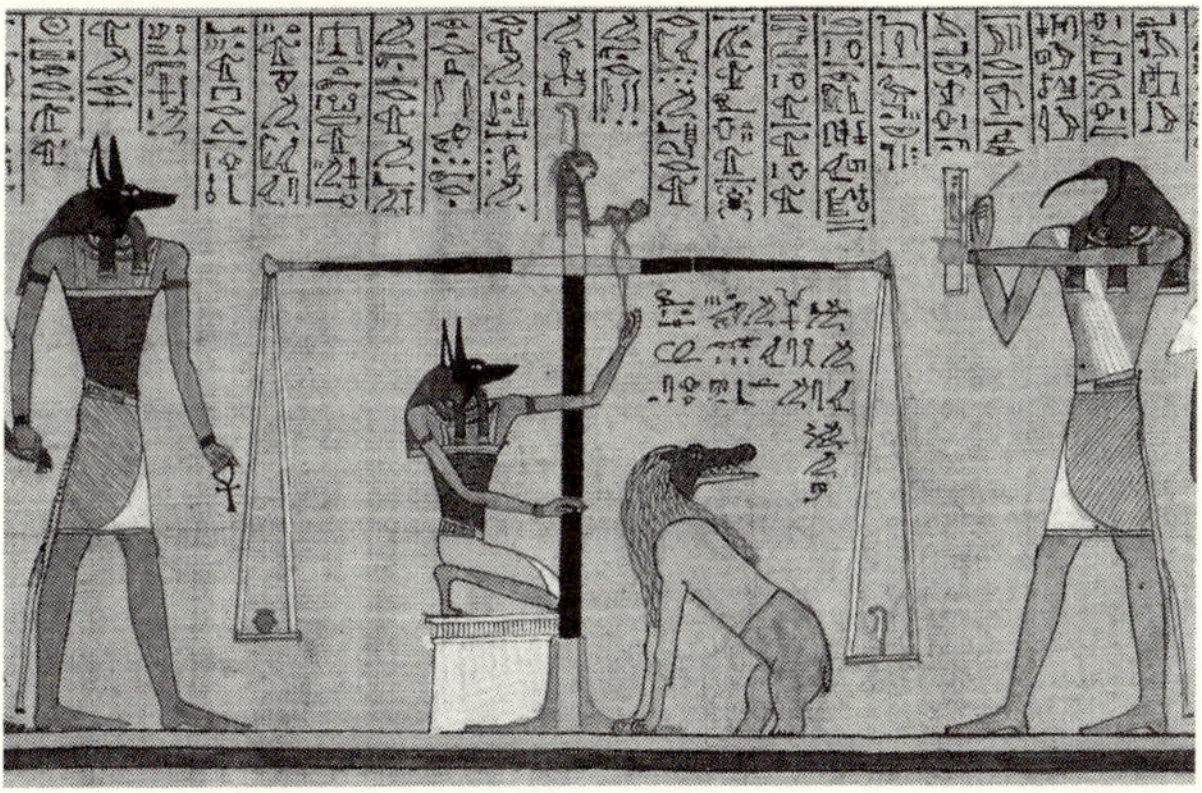

図３－１　死後の審判のビジョンは各地で始まった。エジプトでは冥王オシリスの前で死者の心臓が秤にかけられる　『フネフェルのパピルス』部分（前13世紀）

れて冥界に行き、そこでの審判にしたがって、善き生や悪しき生に転生する。この輪廻の輪から解放されるには、禁欲と正しい祭儀が必要だ。禁欲生活と祭儀を提供するのが教団の役割である。なお、神話時代に殺されたザグレウスの再生した姿が（この教団によれば）神ディオニューソスである。

ピタゴラス教団《ピュータゴレイオイ》は、「ピタゴラスの定理」で有名な前六〜五世紀頃の哲学者ピタゴラス《ピュータゴラース》を開祖とする結社だ。彼は数学を研究したのみならず、またその関係で音楽や天文学でも業績を上げたのみならず、スピリチュアルな方面でも活躍した。その教えは、霊魂がいつまでも転生すること、死後に報いを受けること、転生から解放されるには、肉食を止め沈黙行を行なうなどの戒律を守らなければならないことなどだ。基本のパターンはオルペウス教と同じであり、その影響を受けているともされる。

ちなみにクセノパネースによれば、ピタゴラスはぶたれる子犬の鳴き声を聞いて友人の魂であることを知り、ぶつなと言ったと言われる。彼は自らの前世も記憶していた。

これらの教団の注目点は、民衆にとっても詩人にとってもあまり確信のもてるものでなかった死後の運命の仮説が、この種の宗教家たちにとっては明確な信仰箇条となっていたことだ。それは一般民衆とは異なる暮らし方、身の律し方と関係があった。現世における魂への倫理的気遣いが、来世における魂の運命を強く意識させたのである。

プラトンの独自な来世観

前五〜四世紀の哲学者プラトン《プラトーン》は、天国と地獄、そして転生について倫理的な訓話を書いている。彼の来世観は密儀宗教の影響を受けたものと言われている。

思想書『国家』は、ソクラテス《ソークラテース》を含む弁論好きのギリシア人たちが哲学的な対話を繰り広げるという設定で書かれたドラマである。ドラマの最後に、ソクラテスは死後の報いの可能性について言及し、死んで息を吹き返したエルという名の戦士から聞いた、一種の臨死体験談について伝聞の形で語り始める。エルは架空の人物である。エルが語ったものは、たぶん著者プラトンの創作だ。

　戦士エルは戦争で死んで一二日目に、火葬直前のところで息を吹き返し、臨死体験を語り出す。以下に記すのはその内容である。

【第一段階　天国と地獄】死者エルは他の多くの死者たちとともにある奇妙な場所に到達する。大地の真中に裁判官たちが坐り、死者たちを次々裁く。正しい者は右側の天の穴から上昇する。不正な者は左側の地の穴から下降する。他方、別の天の穴からは浄化された者たちが、地の穴からは汚れ切った者たちが続々出てくる。それぞれ、一〇〇〇年間、天上では楽しみを、地下では苦しみを被ってきたのである。

　褒賞や懲罰の程度は当人の生前の行為の「一〇倍」ぶんなのだという。人生は一〇〇年だから霊界での報復に一〇〇〇年もかかってしまうのだ。極悪人は一〇〇〇年の懲罰では足りないらしく、永遠にタルタロスに幽閉される。

　ちなみに、プラトンの天国・地獄と、後世のキリスト教の天国・地獄との違いは、前者では死者は行って戻ってくるのに対し、後者は死者の最終的な行き場だという点にある。また、一般人の向かう地獄的な地の穴の空間と、極悪人が堕とされるタルタロスが区別されている点も注目される。この区別は、カトリック思想における煉獄（一時的な空間）と地獄（永続的な空間）の区別に似ている。

【第二段階　転生】一〇〇〇年の賞罰期間を終えた死者たちは旅に赴き、天地を貫く虹の光のビームのあるところに到着する。どうやらこのビームのイメージは天の川に触発されたものらしい。ここで天動説型の太陽系らしきものの構造の解説が差し挟まるが、それは省略しよう。この宇宙システムを動かす原動力は、アナンケー（必然）の女神の放つ糸による紡錘《ぼうすい》の回転力なのであった。

死者たちは運命の女神たちに出遭う。あたりにはさまざまな人生のサンプルが、ホログラム映像のようにたくさん並べられている。貧乏人あり、僭主《せんしゅ》あり、成功する者あり、没落に向かう者あり、容貌もさまざま、能力もさまざま、健康の度合いもさまざまである。白鳥やライオンなど、動物の生もある。死者たちはこの中から次の生を選ばなければならない。現世でも来世でも、人は、自己のあり方について責任と分別をもって覚悟を決めておくべきだ。さもなくば、ろくでもない転生をしてしまう。

来世が決まった死者たちは、自己の運命の糸を運命の女神たちによって強化してもらう。そしてレーテー（忘却）の野に集まり、アメレース（放念）の河の水を飲んで、次の生へと旅立つ。

しかし、エル一人は現世に舞い戻り、自らの死後体験を語ったのだった。

以上である。

なかなか複雑な話だ。基本の流れは、①一〇〇〇年間の天国あるいは地獄を体験する→②次の生を選んで転生する、である。

プラトンといえば、他の誰も伝えていないアトランティス伝説をまことしやかに語ったことで有名だが、倫理的な教訓としての真実を人々に提示するためなら、虚構を語ることを少しもためらわなかった人である。輝かしい文明であったアトランティスが神々への不敬のゆえに滅んだという物語は、文明論的な訓話だ。このエルの話も、個人の人生のあり方について訓戒を垂れるためのフィクションと考えていいだろう。

なお、プラトンが『パイドロス』の中に書いている寓話では、ここに語られた一〇〇〇年の周期を一〇回繰り返し一万年に達すると、魂に翼が生じて天界の神々のもとに帰還するということになっている。輪廻を繰り返した挙句に、神的状態に達するのである。仏教式に言えば解脱するのだ。また、哲学的な知への愛に生きる者は、一万年と言わず、三〇〇〇年で神々のもとへ向かうとされている。

嬉々として死んだソクラテス

このように、プラトンは哲学的著作の中で、審判、天国と地獄、転生と解脱の有り様を描写しているのであった。彼は霊魂の不滅を信じていたかもしれないが、この煩雑な来世シス

図3－2　**ドクニンジンの杯を飲むソクラテス**　ジャック＝ルイ・ダヴィド「ソクラテスの死」（18世紀）

テムのディテールを本気で信じていたのかどうかは分からない。

　プラトンの著作は、哲学《ピロソピアー》（愛知）の師であるソクラテスの裁判の様子を記した『ソクラテスの弁明』から始まっているが、その中のソクラテスは、死について語りつつも、エルの物語のような面妖な来世については語っていない。

　むしろ彼は次のように言う。死ぬというのは次の二つのうちのどちらかだ。一つは、無になって何の感覚も持ちえなくなる。二つは、伝承にある如《ごと》く、あの世に向かう。前者なら、死に際して憂うべきことは何もない。後者なら、英雄や有名な詩人やご先祖様たちに逢えるし、ミーノースやラダマンテュスといった真の裁判官にも逢えるのだから、こんな嬉しいことはない。

ここでのソクラテスにとって、冥界はイコール理想世界である。

人も知る如く、ソクラテスは、直接民主主義で知られる都市国家アテネの市民団により、伝統的な神々を信ぜず、哲学を通じて若者を堕落させたなどの罪状で、裁判にかけられた。被告であるソクラテスは、自らの弁明として、むしろ市民たちの暮らしぶりを批判した。おかげで心証を悪くし、死刑判決を喰らってしまう。

彼は自己の正しさについて確信をもっているので、死後の生がすばらしいものになることを疑っていない。彼にとって冥界は、暗い黄泉の世界ではなく、ほとんど天国のような理想世界であるようだ。

彼の落ち着きぶりはあっぱれである。歴史上のソクラテスも、本当にこんな感じだったのだろうか？

プラトンがソクラテスの死からしばらくたってから書いた対話篇『パイドーン』もまた、やはり死に対するソクラテスの態度を『弁明』と同様の楽天的なものとして描いている。その設定では、彼は実際に死刑が執行されるというその日に、仲間たちと、魂の不死はあるのかどうかについて討論する。やはり彼は陽気で、自分の理想世界行きを疑っていない。

哲学は死の練習？

歴史上のソクラテス直伝の思想であるのか否かはともかく、少なくともプラトンにとって、死とは、真・善・美いずれにおいても不完全なものだらけのこの世から、魂が抜けだして幾何学的に完全な世界に移行できるチャンスのようなものであったらしい。

魂（心）とは、まず精神の働きのことだが、プラトンの考えでは、混乱と不完全さが充満するこの世の只中にあっても、人間の精神は、「完全」なるものについて弁論（言論）の力で認識することができる（この世界の上に重なる規範、完全見本のようなものをエイドス〔形相〕あるいはイデアと呼ぶ）。

魂は、完全な円などについての幾何学的推論を行なうことができる。そうした推論は心の幻想ではなく、完全なる現実だ。プラトンの考えでは、同様に、醜さや不正義の充満する只中で、魂は規範的な美や正義について正しく論ずることができる。

この弁論を徹底的に練習しているのがソクラテスのような哲学者であり、日頃の鍛錬のおかげで、哲学者の魂は、死ぬとき、つまりこの世の身体的制約を抜け出るとき、完全なる規範の世界へと帰っていくことができる。

だから哲学者は死を恐れないし、哲学は死の練習、つまり完全世界への帰還へ向けての練習だと言われるのである。

図3－3　死者からの警句「汝自らを知れ」は戒めにも現世の享楽のススメにも　ローマのモザイク（1世紀）

他方、この世的、身体的なものに気を取られてばかりの普通人は、死を恐れる。実際、彼らは身体への執着ゆえに、死後には別の人間か牛かロバに生まれ変わってしまう……。修練を積んだソクラテスは完全世界に招き入れられることが約束されている。修練のまったく欠ける人、あるいは彼を真似て哲学を行なっていても、ソクラテスほど徹底していない人は、死を嬉々として受け入れるソクラテスの気持ちなど分かるわけがないのだ。

今日でもプラトン型天国の理想は人々の想像力の中に種を撒《ま》き続けているが、哲学的に見てこうした考えがどこまで妥当であるかについては、古来いろいろ批判がある。プラトンは完全な美とか、完全な正義とかの実在性を信じているが、むしろそれは観念の形において人間の頭の中にだけ存在しているのではないかと考える人のほうが多いだろう。また、そうした実在が永遠なるものだからといって、それについて学ぶ哲学者の魂もまた不死を得るというのも、あてにならない話である。

他方、この世の不完全性に気を取られないように修行して、平然と死を迎えるべしというソクラテス＝プラトンの態度は、仏道修行者の心構えに似ているとも言える。凡人は転生し、哲学者は真理世界に到達するという図式は、凡夫《ぼんぷ》は輪廻の世界をさまよい、解脱者のみ涅槃《ねはん》に到達するという仏教の図式そっくりだ。とはいえ、仏教の涅槃とプラトンの理想界との性格の違いにも留意すべきだ。死んだソクラテスは理想界で、先祖の哲人たちと延々と哲学的弁論を続けるらしい。ギリシア人の理想はあくまで都市国家市民の弁論にある。静かな悟りの境地でないことは確かである。

懐疑主義あるいは不可知論

最後に、古代ギリシア・ローマの哲学者や思想家たちがいつもこのような理想世界としての死後の世界を信じていたわけではないということを、確認しておきたい。

というか、そうした知識エリートの大半は、死後の世界について、シンプルに懐疑的だったようなのである。「死後の世界はない」もしくは「死後の世界は分からない」という、ちょうど無宗教時代の現代人と同様の考え方をしていたと言われる。

そもそも、プラトンと並び称される大哲学者であるアリストテレス《アリストテレース》（前四世紀）やその弟子たちは、霊魂は身体とともに滅びると考えていた。「至福なる平安（アタラクシアー）」という快楽の追求をモットーとした哲人エピクロス《エピクーロス》（前四～三世紀）もまた、死の瞬間に霊魂が分解してしまうと見ていた。誕生前のことなど誰も覚えていないが、同様に、死後の世界も存在しないというのだ。エピクロス主義は社会に広く受け入れられた。かくしてローマ帝国各地では、次のような墓碑銘が流行ったという。「NON FUI《ノーンフイー》（我はかつていなかった）。FUI《フイー》（我はいた）。NON SUM《ノーンスム》（我は今いない）。NON CURO《ノーンクーロー》（我は気遣わない）」。

　ローマ帝国社会においてエピクロス派と並んで人々を魅了した哲学体系であるストア派では、情念に支配されない生き方を求めたとされるが、来世についてはやはりおおむね否定的だったようだ。来世がないと断言するのではなく、死後がどうであれ、平常心で受け入れよとの趣旨である。日本式に言えば禅のようなものだ。

『自省録』で知られる皇帝マルクス・アウレーリウス（後二世紀）も、ストア派の思想に親しんでいたようだが、彼の次のような言い方は不可知論を超えて死後の生に否定的である。


　……死ぬということはなんであるか。もし我々が死それ自体をながめ、理性の分析によって死からその空想的要素を取り去るならば、それは自然のわざ以外の何ものでもないと考えざるをえないであろう。自然のわざを恐れる者があるならば、それは子供じみている。……

……たとえ君が三千年生きるとしても、いや三万年生きるとしても、記憶すべきはなんぴとも現在生きている生涯以外の何ものをも失うことはないということ、またなんぴとも今失おうとしている生涯以外の何ものをも生きることはない、ということである。……（『自省録』第二巻一二、一四）

今日の西洋文化のように、ギリシア・ローマは饒舌な文化だ。詩人はレトリックを駆使し、知識人たちはロジックで思想を固める。哲学者たちのロジックは、一方では死後の世界を完全に倫理化して語り、他方では死後の神話そのものをきっぱりと否定した。ビジョンとしては、日本神話の黄泉のような冥界があり、キリスト教の審判や天国・地獄の先駆のようなものがあり、仏教の転生や解脱に似たモチーフもあり、そして懐疑論や不可知論がある。想像力のバリエーションが実に豊かであった。

第4章　神の介入——旧約聖書と終末の待望

古代中東人の冥界もまた、ギリシアのハーデースや日本の黄泉と同様の希望なき暗がりであった。イスラエル人はそれを受け継いだ。旧約聖書には天国も地獄も書かれておらず、死者はシェオールという地下世界に放っておかれた。そこには救いはなかった。

古代イスラエル人が希求したのは、現世におけるイスラエル共同体が神の正義を実現することであった。神の戒律（律法）を守りさえすれば共同体は繁栄するはずだったのだが、異民族に蹂躙《じゅうりん》されたり、民心も神から離れたりして、少しも正義が実現しない。いつしか救世主が待望されるようになり、救世主が現われる終末には、死者たちが甦り、神の裁きによって報いが与えられ、正義が実現することになった。

ギリシアの場合とはまた違った形で、現世に焦点を置く正義のロジックから死者の運命が論じられるようになったのである。

古代イスラエル人の歴史

古代イスラエル民族と旧約聖書について、基本的なことを確認しておこう。

古代中東は農業と都市文明の先進地帯であった。エジプトやバビロニアやペルシアのような大民族は専制的な国王が支配する大国を築いていた。紀元前二〇〇〇年紀の末頃に歴史に登場したイスラエル民族は、そうした大国に属さない弱小民族の集合体であり、今日のパレスチナ地域（古代にはカナンと呼ばれた）で、ヤハウェという神のもとに統合された部族連合を作っていた。

イスラエル民族は、かつてエジプトで奴隷のような境遇に置かれていたが、ヤハウェの啓示を受けたモーセの導きによってエジプトを脱出し、神からたくさんの戒律を戴き、それを律法とし、やがてカナンに向かっていったという「出エジプト」の伝承をもっている。この事件がもし事実であるなら、紀元前一三世紀頃のことであり、ギリシアでいえば、トロイア戦争の前後ということになるが、トロイア戦争の場合と同様、出エジプト伝承もまたおおかた神話だろうと考えられている。

さて、イスラエル民族はやがてカナンに統一王国をつくったが（前一〇世紀頃のダビデ王やソロモン王で知られる王国だ）、やがて国家は分裂し、北部がアッシリアに、遅れて南部がバビロニアに滅ぼされた。バビロニアは主だったイスラエル人をバビロニアに捕囚として住まわせたので、民族としてのアイデンティティは保たれた。バビロニア捕囚時代以降は、彼らは国家ではなく律法を中心にまとまる政治社会集団となった。

律法は種々の宗教的文献とともに正典化される（その全体を今日「旧約聖書」と呼んでいる）。神ヤハウェは国家や民族を超越的に操る存在に高められ、唯一絶対の存在となった。これ以降、彼らはユダヤ人、その信仰はユダヤ教と呼ぶのが慣行となっている。

死後の世界シェオール

旧約聖書の死者たちの空間はシェオールと呼ばれる。日本聖書協会訳の聖書では「陰府」と訳され、「よみ」とルビがふられている。旧約聖書翻訳委員会訳の聖書では、日本神話と同様の「黄泉」などの表記も用いられている。位置は「地の底」であるようだ。

死者が赴く地下世界というのはどこにでもある観念だが、シェオールの直接の原型は、中東の諸民族が語ってきた冥界である。たとえばバビロニア神話の「イシュタルの冥界降り」によれば、死者は「暗黒の家」「入る者は出ることのない家」「歩み行く者は戻ることのない道」「住む者は光を奪われる家」に閉じ込められ、「そこでは埃が彼らの御馳走、粘土が彼らの食物で／光を見ることもなく暗闇のうちに住む」という悲惨な暮らしを送っている（四～

九)。冥界には七重の城壁があり、亡者たちが現世に戻らないように悪霊たちが番をしているとも言われている。総じて中東の冥界は地下の監獄めいた空間であり、いかなる人間も死後には救いがない。死者の碑文における最大級の追悼の文言は「神に嘉《よみ》されて長生きできた」であった。

中東の文化は、ギリシア以上に神と人間の落差を強調する傾向があり、神に比しての人間の無力が最もはっきりと表われているのが、彼らの描いた死の表象だった。亡者たちの不活動と無力の強調は、旧約聖書でも同じである。預言者イザヤが告げるには、現世で横暴に振る舞うバビロンの王でさえ、陰府に行ったらただの死人であって、完全に無力となる(イザヤ書一四章)。詩編の歌うところでは、神が死者のために奇跡を起こすことはない。死者もまた神を讃えないし、感謝の念もない(詩編八八章)。

要するに、ここにある死者像は、物理的にも精神的にも空無化した存在を描いたものに他ならない。そういう意味では、『古事記』の崩壊中のイザナミの身体と同様、死の正直な描写であって、悲惨と評すべきものではないのかもしれない。死に関しては、いささかのロマンもないリアリズムが古代中東神話や旧約聖書の本領だと言うべきだろうか。

ちなみに、世界の諸民族の間ではふつうに先祖崇拝が行なわれており、先祖の知恵を借りたり、先祖を供養したりする。イスラエル人の場合は、自分たちがアダム、ノア、アブラハ

図４－１　ノアの洪水は善人を生かし悪人を殺す現世的な審判である
シモン・ド・ミル画（16世紀）

ム、モーセ、ダビデの系譜上にあるという筋目の正しさは強く意識しており、先祖伝来の律法を守ろうとはしているのだが、先祖の呪力を恃《たの》むことは慎まれる。崇拝すべきは絶対神のみであるからだ。死者たちは供養されることなく放っておかれた。

「コヘレトの言葉」（旧称「伝道の書」）には、「あなたが行くことになる陰府には／業《わざ》も道理も知識も知恵もない」（九：一〇）とある。死者は無為であり、筋道立った見解も知識および知恵もない。子孫は霊界の先祖に知的アドバイスを期待してもしょうがない。

エデンの園の神話の告げるところでは、天地創造の神が人間を造ったときには、人間の寿命に限りはなかった。しかし、アダムとエバが禁断の知恵の木の実を食べたので、楽園から追い出された。楽園にある命の木から遠ざけられたので、以降、人類は死の運命を免れなくなった。神は生者に対しては、神の戒律（律法）によって正しい共同体をつくって暮らすことを求め、戒律を遵守する者には長寿を与えるけれども、いったん死んでしまった者に対しては、アダムとエバの連帯責任を負わせたままに放っておいた。

ただし、神は全宇宙の主宰者であるので、地下の陰府にも神の権力は及ぶ。「天に登ろうとも、あなた（＝神）はそこにおられ／陰府に身を横たえようとも　あなたはそこにおられます」（詩編一三九：八）。このように、絶対神に厳しく監視されながらも救いを得ることはできず、子孫からの供養も受けられないのであれば、イスラエル人の想像力の中における死者の境遇は、他のどの民族の来世神話の場合よりも「悲惨」であったように我々には感じられる。

というわけで、人間にできることは幸福な来世を迎える準備をすることではなく、先ほどみたバビロニア人の通念と同様、ただひたすら長生きを願うことである。旧約聖書の巻頭に置かれている「創世記」や「出エジプト記」の登場人物たちは、恐ろしく長生きであったことになっている。アダムは九三〇歳、ノアは九五〇歳、アブラハムは一七五歳、モーセは一二〇歳である。長生きとして描くことが、後世の同胞から送られる最大限の敬意だったのだろう。

現世主義に生じた亀裂

旧約聖書の「ヨブ記」は神をめぐるおとぎばなしである。神に忠実で、それゆえ裕福にして幸福な人生を送っているヨブが、神と悪魔のいたずらめいた賭けによって試され、家族も財産も失い、ひどい病気にかかる。ヨブにはまったくわけが分からない。

このとき、ヨブの友人たちがやってきて、ひどい目にあったのは自分自身に罪があったからだと因果応報を説く。ヨブは「身に覚えがない」と言って突っぱねる。実際それは神と悪魔のいたずらの結果であるから、ヨブの潔白は読者には明らかである。

ヨブは最後まで神を呪わなかったので、ご褒

図4－2　義人ヨブと因果応報を信じる友人たち
ウィリアム・ブレイク『ヨブ記』版画（19世紀）

美に、再び裕福で健康な、繁栄した生活を手に入れる。めでたし、めでたし。……

ここから見て取れるのは、第一に、旧約時代の人々が一般に「正しい人間はこの世で繁栄し、悪い人間はこの世で破滅する」と信じていたらしいこと、第二に、「ヨブ記」の作者自身はこのシンプルな因果応報思想に疑問を抱いていたということである。

「ヨブ記」の作者は読者に提示する。善人が繁栄し、悪人が苦難を抱えるとは限らない。善なる神が天下を支配しているにもかかわらず、なぜかこの世は不条理にできているのだ。現世における善因善果・悪因悪果のつじつまはあっていない。これは冷静な現実認識であるが、全知全能なる神の治世としては、不都合な指摘である。

神の認識に亀裂が入りつつある。

「ヨブ記」の物語は、ヨブという個人の運命を描いたものだが、背景にあるのは、イスラエル民族の共同体的運命の問題であったと言われる。つまり、イスラエル民族は神に選ばれし民であったはずなのに、国は失われ、民はひどい目にあう。いかにも不条理だ、という認識だ。彼らにとっては個人的な運命よりも共同体の運命のほうが重かった。

こうした不条理の認識は、結局、死と死者の境遇をめぐる新たなビジョンの出現をもたらすことになった。それは、未来において神が歴史に介入することでこの世の不正義が是正され、人々を苦しめる不条理が解消するはずだという、ほとんどやぶれかぶれの希望の神話である。終末ユートピアを待望する思想だ。

　そもそもイスラエル人は、現世でイスラエル共同体が繁栄することを望んでいた。それが叶わないのであれば、未来に奇跡が起きるのを待つしかない。正義の神はいつしか救世主をこの世に送り込んで、世直しをし、黄金時代を切り開くであろう。これが終末だ。しかるに、新たに来る黄金時代に参加できるのが、たまたまその時代に生まれ合わせた世代だけというのは不平等な、不均衡な話である。ゆえに、悔しい思いをして死んでいった義人や殉教者には、未来のそのとき、ぜひとも甦ってもらわなければならない。シェオールに今は待機している彼らは、終末において身体ごと復活するのだ。

　世の全体が最後の審判を受け、義人は永遠の幸福を得、悪しき敵どもなどは永遠に滅ぶのである。

　というわけで、紀元前の最後の二世紀ほどの間に、終末、救世主の来臨、死者の復活、最後の審判といったモチーフが人々の想像力を捉えるようになったのであった。

　死後の世界に関心のなかった民族が、一挙に、死者の復活と怨念晴らしを待ち望むビジョンに取り憑《つ》かれるようになった。終末は未来の話であり、通常の意味での来世ではない。きわめて変則的な来世観がこのようにして生まれた。

終末論のディテール

復活や審判の具体的なプロセスについては、旧約時代末期においてさまざまなバリエーションが提出された。

「イザヤ書」では、復活はどうやら義人の間でだけ起きるようである。イスラエル人をいじめた敵の支配者たちは生き返らない。罰として滅ぼされ、彼らについての記憶も残らない。他方、神の側にある者たちは、屍から立ち上がる。「塵の中に住む者よ、目覚めよ、喜び歌え／あなたの露は光の露／地は死者の霊に命を与えます」（二六：一九）。

他方、「ダニエル書」では、ある者は「永遠の命」へ、ある者は「永遠のとがめ」へと目覚めることになっている（一二：二）。つまり天国型の復活と地獄型の復活がある。しかもどうやら復活の対象はイスラエル人だけであるようだ。

死者の復活のイメージが整っていくにつれ、その死者が待機して待つシェオールの姿も変化していった。旧約聖書の「偽典」に属する宗教文書である「第一エノク書（エチオピア語エノク書）」では、陰府中にいくつかの区画が設けられており、そこで死人たちは最初から分類されて終末の裁きを待つという段取りとなっている。カテゴリー分けは、殉教者という最高の義人、他の一般的義人、地上で罰を受けなかった罪人、地上で死刑などに遭った罪人となっている。最後の審判において前二者は永遠の褒賞に与《あずか》り、後二者は罰を受ける（永遠の罰だが、四番目については罰は多少軽減されるらしい)。

このビジョンだと、シェオールは最後の審判までの仮の空間だ。これは中世カトリック教会が定めた「煉獄」(死んでから最後の審判まで、生前の罪を悔悛《かいしゅん》して待つ空間)を思わせる空間である。

終末のときの段取りについては、結局、次のようになった。

①終末に救世主《メシア》が来臨し、イスラエル民族の敵と、悪しき同胞を滅ぼす。
②黄金時代が幾世紀も続く。
③最後に、全時代の死者たちが復活し、神の前に立たされる。天使が一人一人の行状を報告し、神は審判を下す(最後の審判)。
④審判の合格者は永遠の生命を得(天国行き)、不合格者は永遠の罰を与えられる(地獄行き)。

この教理が定まったのは後一世紀のことだ。このときすでに、ユダヤ教本体からはイエスを待望された救世主(=メシア、キリスト)と見なす新興の宗派が分離しつつある。この宗派はやがて独立の宗教「キリスト教」として振る舞うようになる。

本章に書いたのはキリスト教徒にならなかったところのユダヤ教徒正統派の終末観だ。キリスト教徒にとっての終末観は第5章以下で取り上げることにしよう。

ゾロアスター教の影響？

なお、イスラエル宗教が終末、救世主、復活、審判、天国地獄といった観念を抱くようになった理由の一つとして、バビロニアでの捕囚生活の中でペルシア人の宗教の影響を受けたことが挙げられている。ペルシア人の宗教の中でも有名なのが、善悪の戦いを強調するゾロアスター教だが、そこにはすでに審判や復活や天国地獄の観念があったのである。

インド・ヨーロッパ語族系の言語を話すペルシア人の神話世界は、もともとはインド神話に似たものだった。しかし紀元前七世紀とも一二世紀ともいわれる頃に神官ザラスシュトラ（ゾロアスター）が宗教改革を実行し、アフラ・マズダー（叡智の主）とアンラ・マンユ（破壊霊）という二つの原理的神格が対立する宗教に仕立て直した。

善悪二元論のモチーフは、人間の死後の審判（冥界に渡る橋が善人には広く悪人には転落を招くほど狭くなる）と終末の審判（世界が溶岩に呑まれるが善人はこれによく耐える）を呼び込んだ。ユダヤ人はこうしたモチーフから学ぶところがあっただろう。

なお、ゾロアスター教の善悪二元論は、ユダヤ教やキリスト教における神と悪魔の永続的

図4－3　ゾロアスター教の死後の橋。悪人は渡れない
西域の石棺レリーフ（6世紀）

な対立のロジックにも影響を与えたかもしれない。ゾロアスター教では、神アフラ・マズダーと悪魔アンラ・マンユが対立していると言うべきか、神の聖霊スプンタ・マンユと悪霊アンラ・マンユが対立していると言うべきか、このあたりスッキリしないのだが、これと同じように、聖書世界でも、神と悪魔の対立、天使と悪魔（堕天使）の対立の二様の受け取り方が可能である。構造が似ているから、構造的曖昧さも似ているのだ。

PARTⅡ

一神教の来世観──終末、復活と審判、天国と地獄

すでにPARTⅠの第4章で旧約聖書の陰府観と終末観を紹介した。PARTⅡでは旧約信仰から派生したキリスト教とイスラム教という古典的大宗教の来世観・終末観を取り上げる。第5章は救世主イエスの復活神話、第6章は「黙示録」の終末論、第7章は中世に始まる煉獄説、第8章はユダヤ教とイスラム教の来世観を扱う。いずれも「終末」かつ「天国と地獄」の類型に属する思想だが、その成り立ちは案外複雑であり、混沌としている。そして来世への思い以上に、この世における正義の実現に力点が置かれているのである。

第5章　死を乗り越えた神人——キリストの復活

　前章で説明したように、旧約聖書の民であるイスラエル人（ユダヤ人）は、絶対神を奉じ、神の律法を守って暮らしていた。律法に忠実でさえいれば共同体は繁栄するはずだったのだが、民族の苦難が続き、神の正義はなかなか実現しなかった。そこで救世主（メシア）が待望されるようになり、終末には復活した死者を含めてあらゆる人間に正義の審判が下されるはずだということになった。

　そして、その救世主（メシア、キリスト）だとされたのが、ナザレのイエスという今から二〇世紀前の人物である。ただし彼を救世主と信じたのは一部の者たちだけであり、そこからキリスト教という新興宗教が興った。キリスト教は旧約聖書以来の来世観・終末観を受け継いだ。キリスト教誕生の時代は世界中でさまざまな神話的想像力が開花した時代だが、おかげでキリスト教の神学も来世観もかなり複雑なものとなった。これについて本章と次章で検証することにしよう。

キリスト教誕生の経緯

イスラエル民族ないしユダヤ人が前六世紀には国家を完全に失い、バビロニアの捕囚となったことは前章で説明した。民族の興亡は激しく、バビロニアもまたペルシアによって駆逐され、アレクサンドロス大王出現以降はギリシア系の王国が中東一帯を支配するようになった。

西暦紀元前後からの支配者は、地中海の覇者、ローマ帝国であった。ローマ人はローマ伝来の神々を奉じ、皇帝崇拝を帝国じゅうに行き渡らせようとしていた。ヤハウェのみを神と仰ぐユダヤ人にとっては、たいへん怪《け》しからぬことである。

パレスチナ北部のガリラヤ地方で宗教家として活動したイエス（紀元前四年頃〜後三〇年頃）が「ナザレのイエス」と呼ばれたのは、今日もあるナザレという町の出身だからだと思われる。イエスは個人名であり、イエス・キリストとは「キリスト（メシア、救世主）であるイエス様」という信仰的な呼び名だ。

さて、このイエス・キリストをめぐって繰り広げられた信仰運動であるが、基本的にはユダヤ教伝来の終末神話の枠内にあった。主なポイントは次の通りだ。

もともと律法が理想とするのは、孤児や寡婦が泣かずに済む平等な共同体であり、メシアはそれを実現する者であった。イエスもまた、貧者や病者という弱者の側に立ち、神の国に入るのは彼らだと説いた。しかも彼は律法の守護者を自認していた体制側の者たちを「偽善者」と呼んで非難した。宗教体制は、イエスは律法それ自体を侮蔑したと考えた。イエスは信者や弟子にとってはメシアだが、体制にとっては偽メシアだったのである。

さて、本来であればメシアの出現とともに終末が始まり、生者と復活した死者に対する審判が始まるはずであったが、イエスは逮捕され、祭司たちにより冒瀆《ぼうとく》罪とされ、ローマの総督により反逆者としての刑、十字架刑を科された。終末が完成する前に救世主が死んでしまったのだ。直弟子たちは逃げ惑い、民衆は偽メシアに騙されたと思った。

しかし、イエスの信者たちは「イエス・キリストは復活して天に昇り、再臨の日まで天上で待機している」という解釈を打ち出し、挫折から立ち直った。再臨の日が来たら、今度こそ本当の終末となるはずだ、というのである。

メシアであるはずの存在が体制につかまって死んだことについては、信者たちはどのように解釈したか？

信者によれば、神の秘密の計画がそうさせたのであった。人間はそもそも罪深い存在であるが、イエスはその罪について神と和解する秘儀を自ら実践したのだ。つまり生贄となって命を捧げたのである。これを贖罪と呼ぶ。

イエスはまた、人々にとっての新しい模範ともなった。従来、ユダヤ人は律法の遵守に血道を上げていた。しかし、イエスの信者にとっては、イエスの犠牲的な愛の振る舞いを自らの模範とすればよく、律法の細目――食べ物の規定など――はどうでもよくなった。

というわけで、ユダヤ教の神話とキリスト教の神話は、ざっと次のような対比を見せるようになったのである。

ユダヤ教　メシアがやがて来る。死者が復活し、審判によって義人が永生を得る。

キリスト教　①キリストはすでに来た。彼は律法に代わる模範となり、贖罪《しょくざい》と復活を通じて人類の希望となった。
②キリストはやがて再臨する。死者が復活し、審判によって義人が永生を得る。

新興宗教・キリスト教は、後一世紀から数百年かけて教理を固めた。その間に教典（福音書を含む新約聖書とユダヤ教伝来の旧約聖書）を定め、教会組織をがっちり固め、神とキリストと全人類の運命をめぐる神学を構築した。

初期にはローマ帝国からの迫害もあったが、教会はやがて多くの入信者を得て、四世紀にはローマの国教のような地位につくまでになった。律法を遵守するユダヤ教は小規模な宗教に留まったのに対し、律法を相対化したキリスト教は多くの民族を包容する大規模な宗教となることができた。

パウロの思考法

ところで、キリストの贖罪や復活をめぐる神学をはっきり説いたのは、パウロという人物であった。彼はもともと敬虔なユダヤ教徒で、新興勢力であるイエスの信者たちを迫害して回っていたのだが、あるとき、そんな自分に嫌気がさしたのか、劇的な回心を果たし（「使徒言行録」の書き方では、キリストの声を聞いて心を入れ替え）、キリスト信仰の強力なイデオローグとなった。

彼は二つのものを対照させて説くのが得意だ。たとえば、

……一人の人〔＝アダム〕の不従順によって多くの人が罪人とされたように、一人〔＝キリスト〕の従順によって多くの人が正しい者とされるのです。（ローマの信徒への手紙五：一九）

……アダムにあってすべての人が死ぬことになったように、キリストにあってすべての人が生かされることになるのです。（コリントの信徒への手紙〔一〕一五：二二）

ここでパウロは、人祖アダムと贖罪者キリストとを対照させている。楽園の禁断の実を食べたアダムを神への不従順すなわち罪についての代表責任者とし、十字架に身を捧げた従順なるキリストを人類が負わされた罪を帳消しにする贖罪者としている。また、楽園を追放されたアダムから死が始まったのに対し、死より復活したキリストがモデルとなることで、終末における復活が期待できるようになったと言う。

アダム（楽園追放）……不従順……罪…………死
キリスト（十字架）……従順………義（贖罪）……命（復活）

旧約の律法からキリストへの権威の移行については、パウロは次のように述べている。

律法の行ないによる人々は皆、呪いの下にあります。……キリストは、私たちのために

呪いとなって、私たちを律法の呪いから贖《あがな》い出してくださいました。（ガラテヤの信徒への手紙三：一〇、一三）

本来は律法こそが民族共同体にとっての救いの源泉であったはずであり、メシアはそれに対する内外の敵から民を守る存在であったはずなのだが、ここでは律法の強迫から民を救うのがキリストの役割になっている。ユダヤ教の伝統的思考法に、大きな疑問符がついている。ともあれ、初期の信者たちにとって、律法の強迫からの解放はグッド・ニュース（福音）であった。

かくして神との律法という旧《ふる》い契約（旧約）は更改され、キリスト信仰という新たな契約（新約）が始まった。——もちろんこれはキリスト教側の解釈だ。

ユダヤ教徒にとっては、従来の契約が無効になったことは一度もなく、自分たちの教典を「旧約」とは呼ばない。ユダヤ教典の正式タイトルは「律法・預言者・および諸書」だ。長いのでヘブライ文字の頭文字による略式読みとしてタナハと呼ぶ。

パウロが各地の信者集団に宛てて書いた神学的な手紙は権威をもつようになり、遅れて成立した複数の福音書とともに、新たな教典、「新約聖書」を構成することになった。

終末観はどうなったか？

さて、終末についてはキリストの再臨待ちということになったが、いったいいつキリストはやって来るのか。実は、パウロを含む最初期の信者たちは、キリストは今が今にも天から降りて来て、終末の第二幕がスタートすると期待していたようだ。

パウロはこう書いている。

……合図の号令と、大天使の声と、神のラッパが鳴り響くと、主ご自身が天から降って来られます。すると、キリストにあって死んだ人たちがまず復活し、続いて生き残っている私たちが、彼らと共に雲に包まれて引き上げられ、空中で主に出会います。こうして、私たちはいつまでも主と共にいることになります。（テサロニケの信徒への手紙〔一〕四：一六～一七）

終末の日、天使が神の号令のラッパを鳴らす。キリストがUFOのように天から降りてきて空中に留まる。正しきキリスト信者のうちまず死んだ者が復活し、この時点で生者である「私たち」と一緒に空中浮遊し、キリストと合流する。キリストと正しき者たちの永遠の共同体ができる……。

悪しき死者たちは復活しないのだろうか？　審判や悪しき者たちの成敗はどうなっているのだろうか？　何とも分からない。

他方、イエス自身は次のように言ったと伝えられている。

……その日、その時〔終末の日時〕は、誰も知らない。天使たちも子〔イエス自身〕も知らない。父〔天のヤハウェ〕だけがご存じである。

気をつけて、目を覚ましていなさい。その時がいつであるか、あなたがたは知らないからである。（マルコによる福音書一三：三二、三三）

つまり、終末がいつどのようにやって来るかは誰にも分からない。キリスト自身も知らない。福音書が書かれてから数百年かけてキリストもまた神とされるようになり、天の父（ヤハウェ）および信者に降臨する聖霊と並んで、父・子（キリスト）・聖霊は三位一体の神だとの教義が定まった。となると、子キリストは神（唯一神）であり、神（唯一神）は父ヤハウェであるのだから、父が終末の時を知っているのなら子のほうも知っていてよさそうなのだが、とにかく福音書のイエスは「知らない」と断言している。

終末の時は誰にも分からない。そもそも終末とはカレンダーを広げて「いったいどの日にやって来るのか?」と論じるべき問題ではないのだ。「今来るか今来るか」とはらはらしながら、あるいは「いつでも来い」と肝を据えて、あるいは「いつ来ても受け入れよう」との平常心をもって、待ち続けるものだということであろうか。

イエスの言葉は、終末を心理化そして倫理化するものだ。終末のときには天国行き・地獄行きを審判されるわけだから、終末を念頭において暮らす日々は、つねにピュアなままでいるしかない。悪いことはできない。悪いことをしてしまったとしても、心をデフォルトのゼロに戻して神に謝る。イエスの言葉を文字通りに受け取るならば、信仰生活は禁欲的なものとならざるをえないだろう。

死後の来世はどうなった?

死の直後に向かう場所であったはずの伝来の陰府はどうなっただろうか? 福音書の描く陰府のイメージは、前章で紹介した偽典「第一エノク書」のものとは異なっている。

イエスはあるとき次のようなたとえばなしを説く(ルカによる福音書一六章)。ある金持ちが派手に暮らし、その門前でラザロという乞食が腹を空かせながら路上生活をしていた。ラザロが死ぬと天使が「アブラハムの懐」に連れてゆき、そこで安楽を得ることになった。しかし金持ちが死ぬと、彼のほうは「陰府」の炎で責めさいなまれることになった。彼は族長アブラハムに憐みを請うが、アブラハムは「お前は生前いい思いをしていたではないか！」とにべもない。

ざっとそんな話だ。ここでは「陰府」は地獄的な懲罰の場に変わっている。アブラハムは

図5－1　上段は生前の金持ちとラザロ、中段は死後にアブラハムの懐へ行くラザロ、下段は死後に陰府で苦しむ金持ち　写本挿画（11世紀）

「創世記」に出てくる人物で、イスラエル民族の先祖としての族長だ。本来から言うと、このアブラハムにしても冥界としての陰府で空しく過ごしているはずなのだが、民間信仰的にはやはりご先祖様として特別な地位にあったようだ。来世の彼のもとに行くのはとても栄誉あることなのだろう。

「懐《コルポス》」という言葉が使われているので、絵などではラザロがアブラハムの膝の上に赤ん坊のように坐っていたりする。他方、これはアブラハムのそばにいるという意味で、要するに天界におけるアブラハムの宴席に着座しているのだという解釈もある。

イエスのたとえはこのあとも続く。金持ちは生きている自分の兄弟に生活を改めるよう警告を発しようと思う。アブラハムに頼んでラザロを地上に遣わせてくださいと頼むのだが、アブラハムは、生者はすでに律法や預言者の書を持っているのだから、今さら警告の必要はないし、甦ったラザロの言うことをお前の兄弟は聞き入れないだろう、と冷たく言い放つ。

たとえばなしの要点は、弱者への愛が律法の趣意だという現世的な教えにあるわけだが、やはりイエスの発言は一言一句絶対だということで、たとえばなし通り死後すぐに裁きや報いが訪れることは確実だと信者は考えるようになった。

死後すぐに実現する救い

民話的なたとえばなしに富む「ルカによる福音書」には、もう一つ、死後の運命に関する印象的な記述がある（二三章）。

イエスの刑の執行のときのことである。イエスと一緒に二人の犯罪人が十字架にかけられた。そのうちの一人がイエスに向かって、メシアならメシアらしく自分と俺たちを救ってみせろと毒づく。するともう一人がたしなめて言う。俺たちは悪いことをやったのだからこうなって当然だ。しかしこのお方は何も悪いことをしていない。そして「イエスよ、あなたが御国へ行かれるときには、私を思い出してください」と言う（二三：四二）。

イエスは答える。「よく言っておくが、あなたは今日私と一緒に楽園にいる」（二三：四三）。

死の直前におけるイエスのこの発言からすると、少なくとも

図５－２　**キリストは犯罪人の一人に死後の楽園入りを保証する**　ルーカス・クラーナハ「磔刑」（16世紀）

図5－3　陰府よりアダムとエバを天へと引き上げるキリスト
イスタンブール、コーラ修道院天井画（14世紀）

善人は、死んでその日のうちに楽園《パラデイソス》にいることになる。「今日《セーメロン》」はルカが救いの如実さを強調するときに使う常套表現であるから、文字通り「今日」を意味しているかどうかは分からないが、ともあれ、終末の日が来るまでじっと待機するという感じではない。

　という次第で、少なくとも福音書記者ルカが抱いていたビジョンでは、死後の報いは終末まで持ち越されるものではなく、さっさと訪れるもののようである。歴史上のイエスが本当はどう考えていたのかは不明である。

　教会は他の福音書とともに「ルカによる福音書」を新約聖書の正典とした。旧約時代の陰府は地獄的な「陰府」と天国的な「アブラハムの懐／楽園」に分裂した。

なお、イエス時代よりだいぶあとの話になるが、正典に加えられなかった「ニコデモ福音書」（五世紀前半までには成立？）では、キリストは十字架上に死んでから復活するまでの三日間、陰府に降り、そこにいるアダム、エバ、族長アブラハムなど旧約時代の人々を連れて天の楽園に昇り、大天使ミカエルに引き渡したとされている。「ルカによる福音書」で楽園行きをイエスに保証された犯罪人は、アダムら父祖たちよりも先に楽園入りしている。彼を見た父祖たちは、主キリストの御力の偉大さを讃えた。

「ニコデモ福音書」は外典に留まっているが、キリストの陰府降下のビジョンはキリスト教徒の来世イメージに大きな影響を与えた。東方正教会には、アダムとエバの手を取り陰府から上昇せんとするキリストの姿を描いた「アナスタシス（復活）」というイコン（聖画）がある。

死後と終末後――肉体の有無

旧約時代から唱えられていた死者の復活は、この世の物質世界そのものへと甦ることだから、当然、肉体込みのものである。しかし、肉体があるなら、食欲もあるだろうし、性欲だってあるのではないか、と考える人が当然出てくる。では、終末に復活したかつての夫婦は、新たな世界でまた一緒に家庭生活を送るのだろうか？

イエスに対しても、復活後の肉体のあり方について尋ねる者があった（マタイによる福音書二二章）。ある人がイエスに尋ねる。曰《いわ》く、モーセの規定によれば、兄が子なくして死んだ場合、弟は遺された兄嫁と結婚して子を儲ける義務があります。ところで七人兄弟の七人が次々と死んでゆき、長男の嫁が一番下の弟の嫁にまでなったとします。この場合、終末に復活したとき、彼女はいったい誰の妻ということになるのですか？

イエスは答える。君は思い違いをしている。復活のときには娶《めと》りも嫁ぎもしない。「天の御使《みつか》いのようになるのだ」（二二：三〇）。

婚姻関係がないというのはフリーセックスをするという意味ではなく、セックスの煩わしさを免れているということだ。天使はセックスなどしない。

どうやら死者の肉体が完全に復活するとは言っても、その肉体の有り様や機能はこの世におけるものとは違っているらしいのだ。福音書はイエス自身が死後に復活したと記しているが、弟子たちは復活したイエスを見かけてもすぐに師だと分からなかった。弟子たちは師に触れることもできるし、師はふつうにものを食べるというのに、どこか違っていたということだ。

福音書が書かれるよりも先に、パウロの一群の手紙が成立しているが、彼はこの件について、神学的なレトリックを開陳している（コリントの信徒への手紙〔一〕一五：三五～四四）。パウロは言う。復活した者が以前とは違った姿をしているのは当然である。植物だって、地面から出てくるときは、蒔《ま》いたときの種の姿とは異なるではないか！

　この理屈は現代人には分かりにくい。古代人の見るところ、植物は毎年死んで復活することを繰り返している。種が地面に潜るのは埋葬のようなものであり、地面から芽が出るのは死者の復活のようなものであった。ギリシア神話の穀物の種の精ペルセポネーは、冥王ハーデースの妃だった。日本神話の種の化身スクナビコナは、常世と結びついていた。

　ともあれ、パウロの言いたいことは、復活した体は生前の体とは違っているということであった。復活の体は物質的解体可能性と卑俗性とを免れた「霊の体」なのだ。とはいえ、パウロの唱える「霊の体《ソーマ・プネウマティコン》」という概念は、かなり奇妙なものだと言わざるをえないだろう。二元論的に霊と体を分けておきながら、この二つを言葉の上で結びつけただけであるなら、まともな説明になっていないからだ。

　しかし、信者はこれを受け入れた。そして今日に至るまで、パウロの説が教会の公式見解だ。復活した体と生前の当人の体との間には同一性がありかつ相違がある。

　復活した身体の具体的なイメージは論者によってさまざまになった。セックスを超越した光の天使のようなものだと考える論者も、性器を具えているはいるがセックスに用立てることはないという霊妙な説を主張したアウグスティヌスのような論者もいた。復活するときは肉体が最盛期を迎える三〇歳くらいの体になるという説も一般的であった。年老いて死んでも、子供のうちに死んでもそうなるのだという。

我々にとって、冥界の暗がりの中で愚痴をこぼしながら永遠に暮らすというアキレウスの生き様には現実味がない。同様に、復活して永遠に生きるという「霊の体」なるものを思い浮かべるのも、実際にはいかなる人間にも困難だろう。言葉の上だけの話という点で、死後のビジョンに本質的な進歩はないのである。

第6章　復讐と大団円——黙示録の世界

終末への渇望から始まった信仰システムであるが、時がたつにつれキリスト教徒の終末意識は遠のいた。しかし、「ヨハネの黙示録」は、ローマ帝国への怨念を晴らすようにして世界の終末を描いてみせ、これが教会公認の新約聖書の掉尾《ちょうび》を飾る書となった。

それは災害や戦争に満ちたおどろおどろしい予言の書であるが、究極のビジョンとしては、善人が幸福に暮らせる世界、神の国の完成を目指す、前向きな性格を併せ持っている。「黙示録」に潜在する社会正義の実現というモチーフは、後世の西洋文明にとっての重要な文化的因子となった。

「ヨハネの黙示録」——終末のプロセス

「ヨハネの黙示録」は、キリストの十二使徒の一人であるヨハネがエーゲ海のパトモス島で天使から受けた黙示を書き記したもの、という体裁で書かれた書である。ただしこの設定はフィクションであり、実際に書いたのは使徒ヨハネとは別の預言者的人物だったとされる。成立したのは一世紀の末頃だ。

黙示《アポカリュプシス》というのは終末に関する啓示のことだが、この世の苦難の意味、そして神の目的についての秘密の知識を、神ないし天使から幻視や幻聴を通じて教えられたというスタイルで書かれた文学ジャンルを指している。

書かれた場所であるローマ帝国アジア属州（エーゲ海東岸地域）では、支配者の神格化に抵抗するキリスト教徒への迫害が激しかったらしい。この迫害に対して、ローマ帝国のほうこそじきに滅びるぞという呪詛を浴びせかけるのが、この書の実質的内容である。ローマ社会は暴力と放縦に満ちている。こんな社会の存続を神が許すはずがない。やがて来る破滅のあとで、今は迫害されている信者たちこそが幸福を手に入れることができる。このように各地の信者を激励するのが、ヨハネ氏の執筆の目的だ。

なお、一世紀のネロ帝治世下や四世紀初頭の集中的迫害時代など迫害は断続的にあったとはいえ、ローマ帝国がのべつまくなしにキリスト教徒を迫害していたわけではない。たとえば二世紀前半の司教の最期を描いた「ポリュカルポスの殉教」は殉教のモデルとして教会から称揚されてきたが、それでも、聖書学者の田川建三によれば、ポリュカルポスは高齢になるまで自由に活動しており、周囲のキリスト教徒も弾圧されていないところからすると、帝国からの迫害も象徴的なものだったようだ（ユダヤ教徒との均衡を図る政策的なものである）。しかもその殉教物語自体がユダヤ人への差別意識に満ちている点からするなら、キリスト教徒とて今日的な標準において正義の側にあったわけではないのである。

さて、黙示録の中でヨハネは幻視する。その要点は、次の三つである。

①【災害と霊界大戦】いくつもの予兆や災害があって、キリスト再臨が始まり、霊的次元では天使や竜などの闘争がある。そしてローマが滅びる。これは信者たちにとっては世界が滅ぶというのと等しい。

②【千年王国】キリストの直接統治が千年続く。

③【最後の審判】最終的に死者が復活し、審判が行なわれ、永遠の天国と永遠の地獄に割り振られる。

話の展開はかなり複雑で雑然としている。

まず、ヨハネが天に上昇し、主の姿を見るというビジョンがある（四章）。七つの角と七つの目をもつ「屠《ほふ》られたような姿」の小羊が天界の巻物の封印を解くが、これはキリストで

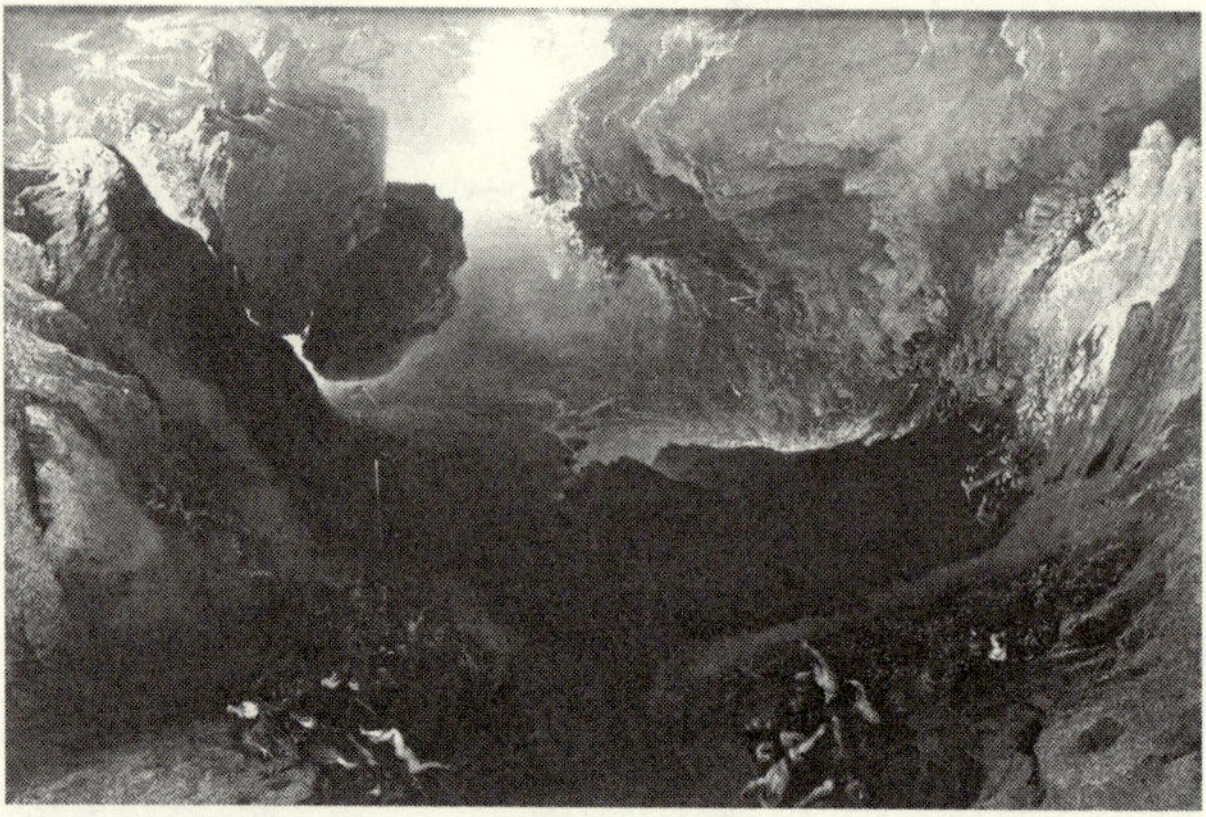

図6－1　黙示録の終末は天変地異から始まる
ジョン・マーティン「神の大いなる怒りの日」（19世紀）

ある（五章）。次に、「黙示録」のアイコンとして有名な四人の騎士が登場する（六章）。白い馬と弓もつ人、赤い馬と剣もつ人、黒い馬と秤もつ人、青白い馬と死をもって滅ぼす人の四騎士だ。救いの刻印が押される「一四万四〇〇〇人」という人数も書かれている（七章）。天使たちがラッパを吹くと天変地異が始まる（八章）。

天界では大天使ミカエルが竜と戦う（一二章）。基本的には終末の戦いはローマ帝国との戦いのイメージである。ローマは七つ頭の獣などとも表象されるが（一三章）、これはローマ市にある七つの丘を暗示している。獣の姿で表象される偽預言者があらゆる者に「六百六十六」という数字を刻印するが（一三章）、これはキリスト教徒を迫害したネロ皇帝のことだ（ネロ皇帝とヘブライ文字で書いて、数字としても読めるそれぞれの文字の数価を足し合わせるとこの数字になる）。ローマはまた、各所で「大バビロン」や「大淫婦」などと呼ばれる。ハルマゲドーンというパレスチナの古戦場に全世界の王が集合するビジョンもある（一六章）。地上ではローマが滅ぼされる（一八章）。

キリストの至福千年王国が始まり、天使がサタンである竜を千年間底なしの淵に閉じ込めておく（二〇章）。最後にサタンは滅び、死者たちは復活し、審判が始まる。永生を約束された者たちの名は「命の書」に書かれている。「命の書」に名の無い者たちは「火の池」（地獄）に向かい、滅びる。永生を約束された者たちは「新しいエルサレム」（天国）に向かう（二一章）。

黙示録のミーム

「大バビロン」（ローマ）とか「六百六十六」（ネロ皇帝）とか奇妙な言葉がたくさん使われているのは、迫害を受けている身の上ゆえに、隠語を使わないと危険だからである。暗喩に満ちた書き方は、「黙示録」を神秘的な書に仕立て上げた。

各モチーフは今日なお、文学やオカルトにおいて便利に用いられている。「ハルマゲドーン」は終末戦争の代名詞となっており、聖書と無関係のオウム真理教でも教祖が説法に用いていた。「四人の騎士」は不吉なことが始まる暗示としてよく言及され、現代ではドーキン

図6－2　黙示録の四騎士　写本挿画（10世紀）

ス、デネット、ハリス、ヒチンズという著名な四人の無神論者がパロディ的にこの四騎士にたとえられている。馬の色が白、赤、黒、ペールであるのは、それぞれ勝利、戦争、死、疫病の象徴であるらしいが、村上春樹の『色彩を持たない多崎つくると、彼の巡礼の年』の登場人物の名前が白、赤、黒、青という漢字を含んでいるのはいかなるファンサービスであろうか。ヘブライ数字は位取り記数法ではないが、オカルティストは「六百六十六」をアラビア数字式の666だと思って、三つの6を足して18に変えるなど勝手な数字操作をしている。

黙示録といえば、戦争、災害、疫病といった終末的出来事であるが、それらの描写そのものは、書き手自身の危機的な精神状態から生まれたという以上の意味はない。しかし終末予言好きの人々は、ノストラダムスの著書に対するがごとくに、あらゆる恣意的な解読を試みる。

信仰の立場から見てむしろ興味深いのは、やはり最後の審判のあたりだろう。終末においては、死者が復活し、審判の合格者は「新しいエルサレム」すなわち天国に招かれ、不合格者は「火の池」すなわち地獄に堕とされる。判定にあたって参照されるのは「命の書」といういわゆる閻魔帳である。神あるいは天使は一人一人の行状を克明に記録しているのだ。

こうした審判の様子は、昔から祭壇画に題材を提供してきた。有名なのはミケランジェロがバチカンのシスティーナ礼拝堂の正面壁画として描いたものだ。中央の空中にキリストがおり、周囲に旧約の預言者や新約の使徒たちが配され、天使たちはラッパを吹いたり「命の書」を開いてみせたりしている。絵に向かって左側（キリストから見て右側）には墓場からゾンビのように起き上がった死者たちが天国に向かって上昇する様子が、右側（キリストから見て左側）には地獄に堕ちる下降組が描かれている。こうした左右の振り分けはどの祭壇画を見ても同じである。

ところで、「新しいエルサレム」すなわち天国は、一万二〇〇〇スタディオン（二二〇〇キロメートル）四方かける高さ一四四ペキス（六五メートル）の碧玉製の城壁をもち、古代イスラエルの十二部族にちなむ一二の城門をもつ城塞都市である。材質は透き通ったガラスの

図6－3　下部中央にラッパを吹く天使たち。死者たちの行状を記した「命の書」を示している。その左下には大地より復活し上昇する死者が、右下には悪魔と化した渡し守と地獄の亡者が描かれる　ミケランジェロ「最後の審判」（16世紀）

ような純金であり、神の栄光に輝いている。絵画に描かれる天国には、白い雲の上、牧場のような楽園、黄金色の城塞といったバリエーションがあるが、最後のものはこの「新しいエルサレム」を表わしたものだ。たとえばハンス・メムリンクの祭壇画の天国側には見事な城壁と城門が描かれている。

地獄については、黙示録の記載はあっさり「火の池」での滅びを示唆しているだけで、ディテールがない。むしろヨハネは、終末前の戦争や災害や疫病で無数の人間が死ぬといった描写そのものをもって地獄に相当するものを描き切ったのかもしれない。

千年王国の解釈

なお、ローマの崩壊と最後の審判との間に千年のキリスト統治の期間が挟まっているが、これを「千年王国」と呼ぶ。英語ではミレニアムである。

ユダヤ教でも救世主来臨とともにしばらく地上がユートピア状態になるが、そのビジョンを受け継いだものだ。しかしもし千年王国があるとすると、それもまた天国のようなものだから、最後の審判のあとの本物の天国（新しいエルサレム）との間にイメージの重複があり、終末におけるハッピーエンドという結末がいささかもたついたものになる。（さらに「ルカによる福音書」に描かれたような死んですぐに向かう楽園ないしアブラハムの懐があるから、救済手続きの煩雑さはかなりのものになってしまう。）

まあ、人間が思いつく物語がいくつものバージョンにばらけてしまうのは仕方がないことだが、教理としてはどうにも不安定である。

古代の教会の下した結論としては、この書を文字通りに読むことを避け、千年王国が本当にやって来るとは信じないことにした。千年王国とは、地上の教会が魂の王国として救済に尽力していることを象徴的に述べたものだと考えるのである。千はめでたい数字であり、象徴的に世界全体を包み込むことを意味する暗号なのであると。

今日に至るまで、主流派教会の公式見解では、千年王国は教会の比喩である。ただし、長い歴史の中で、千年王国の文字通りの実現を待望する異端的カルトが幾度も出現した。実際、世の中の不正にうんざりしている民衆は目前においてユートピアが始まることを期待するものであり、そのビジョンに最も近いのは、死後の天国でも終末後の天国でもなく、地上の千年王国なのである。

「パウロの黙示録」と「ペトロの黙示録」

今日の新約聖書の正典に含まれない福音書、行伝（言行録）、黙示録と呼ばれる書がたくさんある。新約聖書外典である。そのうちパウロの名を冠した黙示録とペトロの名を冠した黙示録がキリスト教の来世観の形成に多少の役割を演じたので、簡単に触れておこう。前者は終末前の天国地獄の様子を、後者は終末後の天国地獄の様子を描いている。

「パウロの黙示録」は四世紀に成立した（使徒パウロが書いたものではない）。それによれば、無数にいる守護天使たちは人間の善行・悪行を日に二回神に報告する。パウロは人の臨終のベッドを霊視するが、義人は善き天使たち、罪人は邪悪な天使たちに囲まれている。義人の魂が上昇しようとすると、天使たちは自分の体がどれだったか覚えておくようにと告げる。終末の復活のときわからなくなったら大変だからだ。

パウロは天界や地獄の様子も霊視する。天は複数の層からなるが、最下層にある都の内部には旧約の預言者や族長たちがいる。大海の果ての地獄には、種々の場所がある。たとえば教会でゴシップに興じた者は火の河に、神の救いを否定した者は深い穴に堕とされている。不品行な聖職者は、内臓をえぐられている。魔法を使った者、親に内緒で性交した少女、孤児や寡婦をいじめた者、断食を途中でやめた者、同性愛者、堕胎した者、異教徒なども また、ウジ虫にたかられたり手足を切断されたりしている。神の教えを拒んだ者は、もっとひどい目にあうとパウロは聞かされる。天使もキリストも地獄の亡者を救済することはできない。せいぜいミサのある日曜日にホッと一息つけるというのが、罪人たちの受ける最大の恩恵である。

図６－４　正教会のイコンに描かれる最後の審判。上部にキリスト、天使、預言者たち、下部に天国行き（キリストから見て右側）と地獄堕ちの者たち　フランギヤス・カヴェルツァス画（17世紀）

次に、「ペトロの黙示録」（二世紀までに成立？）のほうは、キリストが一番弟子のペトロ（初代ローマ教皇）に語ったという設定で書かれたもので、こちらの地獄は終末後のものである。ここでも地獄の亡者は罪状に応じてさまざまな懲罰を受けているが、罪状ごとの空間の区分けがある。すでに見たように、ウェルギリウスの『アエネーイス』が古代的冥界をテーマパーク状に区分けしたが、「ペトロの黙示録」はそうした区分け方式を踏襲し、中世末期にダンテが『神曲』において書いた地獄・煉獄・天国の無数の小区画の先駆となった。異教である多神教と一神教との違いを超えて、冥界ないし地獄・天国の設計思想が脈々と受け継がれているのである。

ちなみに、「パウロの黙示録」の天使たちは地獄の罪人に嬉々として懲罰を与えているし、「ペトロの黙示録」の義人たちは天使に引率されながら地獄の亡者たちの様子を「いい気味」と言わんばかりに眺めている。天国の住人にはもっと憐みを示してほしいと現代人なら思うところだ。神の褒賞と懲罰の支配体制を優先して考えるか、憐みのような心情を優先して考えるか、言い換えると法の支配か、情けの支配か、宗教のロジックは必ずいつもジレンマに突き当たる。このことが如実に分かるというのが、これらの外典のいささか漫画的な描写のメリットである。

社会全体の救済

最後に一つ確認しておこう。

ふつう死後の世界、来世観というと、死んだ人は今どこでどうしているだろうかというビジョンのことを意味する。しかし、キリスト教あるいは一神教の来世観は、死後のビジョンに終末後のビジョンが絡んでいる。このあたりはふつうの非一神教徒系の日本人にはなかなかピンとこないところだ。

キリスト教ないし一神教の来世観の最も重要な部分は、なんといっても「ヨハネの黙示録」が説くような終末後の審判だ。それは通常の感覚で言う冥界としての「来世」ではなく、むしろ物質的現世としての「未来」の話だ。そこで問題になるのは、個々の死者ではなく、歴史上の人類（ほとんどは死者である）の全体だ。世界共同体全体の正義である。

振り返ってみると、そもそも旧約聖書の神の関心は生者の共同体にこそあって、死者のことは放っておいた。その生者の共同体の絶望的状況がバビロニア捕囚によって明らかになると、この世そのものの抜本的改造が神の課題となった。それが終末だ。

もちろん一般の信者にとって気になるのは自分や身内が死後にどうなっているかであろうが、もう一つ大きな枠において、社会全体の正義のビジョンがつねに作動しているのである。一神教文明の思考のあり方として、重要なところだろう。

第7章　中間の発見——煉獄とダンテの『神曲』

社会が安定し、経済も発展してきた中世後期には、人々は天寿をまっとうし、死後の幸福に与ることを究極の課題と考えるようになった。そのとき、善人は天国へ、悪人は地獄へという中間項のない図式は、不自然に見えることになった。たいていの人間は善悪に関してはどっちつかずであり、天国へ行けるほど善人ではない。では、やはり地獄へ堕ちるのか？

この疑問に答えるべく提出されたのが、煉獄説であった。

地獄と煉獄の違い

死後の世界における火の責め苦には、古来、二つの意味があった。一つは罪人が受ける完全なる懲罰としての地獄の業火《ごうか》である。もう一つは、悪いことはしたが悔悛の見込みのある者に対する教育的な懲罰としての魂の浄化の火だ。火そのものに悪魔的なニュアンスと浄化

図7－1　煉獄の火で浄化され天使に迎えられる死者
『ベリー公のいとも豪華なる時禱書』挿画（15世紀）

的なニュアンスがあるのだ。

この二つのタイプの火に対応する二つのタイプの来世空間が、地獄と煉獄だというふうに説明できる。見込みのない者が永遠に焼かれるのが地獄（英語でhell）、見込みのある者が火のシャワーを浴びて綺麗になって再出発するのが煉獄（purgatory）である。

こうした煉獄の概念を最初に示唆したのは古代のアウグスティヌスだが、教理として体系的に採用したのは、ようやく中世後期の一三世紀のことである。西方教会（カトリック教会）が第二リヨン公会議などで公的に認めたのである。

新たに確立された煉獄の神学によると、この世界に煉獄が存在しているのは、終末が訪れるまでの間である。前々章と前章で見たように、終末前にも一種の天国と地獄があるが、大半の人間は煉獄に行って浄化の火を浴びることになる。それは犯した罪に対する罰であり、悔悛の修行である。悔悛は生前から始まり死後の煉獄へと続く。煉獄において悔悛を終えた者たちは、終末の最後の審判において真の天国、永遠の天国へ行けるだろう。

東方教会（正教会）のほうは、煉獄説を採用しなかった。聖書に典拠がないからである。西方のカトリックにはローマ教皇を中心とする強力な集権体制があるので、新しい教理を採用することができた。

一六世紀になると、カトリック教会の集権体制に反発して各種のプロテスタント教会が興り、煉獄説を破棄した。そのいきさつについてはあとで述べる。

煉獄誕生のプロセス

歴史学者ジャック・ル・ゴッフの『煉獄の誕生』の記述に従って、中世後期の煉獄誕生の状況を見ていくとしよう。

煉獄誕生の前夜、一二世紀の時点においては、終末、つまり最後の審判後の天国と地獄についてのは教理的にはっきりしていたが、死から終末までの教理は曖昧なままであった。暗がり空間である陰府でただ待機している（眠っている）という旧約時代以来の意見も少数派ながら残っていた。それより多いのは、生前の行ないに応じて種々の空間で待機するという新約聖書外典に見られるような見解であった。義人の向かう安息の空間は「アブラハムの懐」である。

しかし大多数が信じ、教会も推していた見解は、死者を義人と罪人の二つに分けると同時に、その義人ぶり、罪人ぶりの度合いについても完全なものと不完全なものの二段階に分けるというものであった。その結果、次のような四段階があることになる。①殉教者や聖人のような完全な義人（天国に行って、すでに神を見ている）。②不完全な義人（天国に向かうための試練を受ける）。③極悪人というほどでもない不完全な罪人（地獄に行って比較的楽な罰を受ける）。④完全な罪人（地獄でひどい劫罰《ごうばつ》を受ける）。

①の聖人と④の極悪人の向かう天国と地獄はすでに最終的なものであるのかもしれない。あるいは彼らもまた最後の審判の形式的審査を待つことになるのかもしれない。②の不完全な善人は浄化の火の試練を経る必要があるが、死後からずっと試練を受けるという意見も、最後の審判の時（一日かもしれないし長く続くかもしれない）に試練を受けるという意見もあった。③の不完全な罪人については、極悪人と同様に地獄に堕ちるのが本来の形だが、彼らを救済の対象に含めようという考えも育ちつつあった。

一三世紀には、不完全な罪人も救済の対象に格上げされた。不完全な義人と不完全な罪人は合併して単一のカテゴリーとなり、プルガートーリウム（浄化の場、煉獄）という空間で過ごす集団となった。四分法は破棄され、天国組、煉獄組、地獄組の三分法になったのである。

それは善悪二分法から中間項を認める三分法への思想的進化であった、とル・ゴッフは見ている。彼によれば、西方教会における三分法的思考の定着は、西欧の社会的発展と関係がある。古代末期において教会が「未開」と戦っていた時代には、神と悪魔、強者と貧者、聖職者と平信徒などあらゆるものを二分して考える思考にも現実味があった。しかし中世の間に社会は着実に発展し、貴族・聖職者など上層階級と農村・都市の労働者との間にさまざまな中産階級が成長してきた。世界は単純に二つに分かれるものではなくなった。何事も両極に分けるのではなく、中間項からなるグラデーションで捉えるほうがリアリティをもつようになったのだ。

また、終末待望が後退し、現世の価値が高くなるにつれ、現世の直後に続く死後の世界への関心が高まった。死んだ身内や先祖はどのように暮らしているだろうか？　生者は死後の悔悛の空間すなわち煉獄で暮らす身内たちへの心遣いとして「取りなしの祈り」を行ない、そこでの試練が軽減されることを願うようになった。一種の先祖供養である。ここでも生死の対照は弱まることになったのである。

地獄・煉獄・天国三分法の文学化

古代ローマの詩人ウェルギリウスは古代神話的な死後の世界をテーマパークのように描いてみせたが、やはり叙事詩の形でキリスト教的死後の世界をテーマパーク化してみせたのが、フィレンツェの文人ダンテ・アリギエーリである。イタリア語で書かれた彼の『神曲』(一四世紀)は、しばしばキリスト教的来世観の代表として紹介されるが、しかしこれはキリスト教会の公的なビジョンではない。あくまで詩人の作品である。

ダンテは誕生したばかりの煉獄説を具体的にイメージ化し、長大な詩を「地獄篇」「煉獄篇」「天国篇」の三部作に分けて歌い込んだ。もし三分法の勝利が、終末の神学に対する世俗的日常意識の勝利を意味するのであれば、三分法的霊界ビジョンを完成させたのが花の都フィレンツェの文人であったことは納得がいく。

各篇はそれぞれ三三の歌からなり、冒頭に置かれた序歌を合わせて、全体では一〇〇歌となる。論理的に分類した罪状に応じて地獄の各層をすり鉢状に掘り下げ、煉獄を雛壇状に構築し、天動説宇宙の中に天国の各層を割り当てている。ダンテは修辞的技巧と哲学的蘊蓄《うんちく》を見せつけるべく腕を振るうのみならず、自らの政敵を地獄に堕としたり昔の恋人を天国の案内人に仕立て上げたりしている。たいへんに生臭い。こういうあたり、『神曲』の作者は、

図7－2　ダンテとフィレンツェ市。左には地獄の門。そこから地底へ向かう罪人たち。遠景に煉獄山。浄化を終えた者たちは頂上にあるエデンから天界に上昇する　ドメニコ・ディ・ミケリーノ画（15世紀）

図7－3　地獄はすり鉢状になっており，下層ほど罪が重い。最下部すなわち地球の中心には魔王がいる　ボッティチェリ画（15世紀）

現代人の考える敬虔とか殊勝とか信心深さとかを楽に超越している。

地獄ツアーから始まる

地獄は聖都エルサレムの地下にある。かつてアエネーアースがシビュラの案内で冥界降りを行なったように、ダンテはウェルギリウスの案内によって地獄の探訪を始める。

地獄の入り口にはゲートがあり、「われを入る者は一切の希望を捨てよ」と記銘してある。ロダンはこの門を群像彫刻にした（その一部をなすのが、男が裸で深刻に考え込む姿を描いた「考える人」だ）。地獄の前庭には、信仰に関する日和見主義者がいて、虫に追いかけられて逃げまどっている。古代神話から持ってこられたアケローン河もある。

地獄の第一層は、洗礼を受けずに死んだ幼児や、異教世界の義人たちが暮らしている。いわゆる辺獄（リンボ）である。彼らは罰を受けるべき理由がないかわりに、キリストの贖罪の恩恵からも外されている（奇妙に思えるが、これは当時の神学的常識であった）。

その下の各層は本格的な地獄だ。下層ほど罪が大きく、罰が重い。第二層は淫乱、第三層は暴食、第四層は貪欲、第五層は憤怒、第六層は異端、第七層は暴力、第八層は欺き、最下層の第九層は裏切りという割り当てとなっている。

注釈を入れると、第七層で罰される暴力には、他者への暴力としての殺人や強盗、自己への暴力としての自殺や浪費の他に、自然の秩序への暴力として、神の冒瀆、男色、高利貸しが含まれる。第八層で罰される欺きには、女衒《ぜげん》、売春、占い、通貨偽造、汚職や聖職売買などが含まれる。イスラム教の開祖ムハンマドはこの欺きに対する罰を受けている。最悪の罪は、キリストに対してユダが行なった罪、裏切りだ。そのユダは、地球の中心に居座る魔王ルチーフェロによって今もぼりぼり頭から食われている最中である。

罰にはどのようなものがあるのか？　淫乱を犯した者は風に吹き飛ばされ、貪欲なる者はシーシュポスのように重い荷物を運ばされる。乱暴者は煮えたぎる血の河、へつらい屋は汚物の泥沼、賄賂の使い手は灼熱のタールに堕とされている。あくまで文学的イメージであって罪と罰との論理的連関は定かではないものの、ダンテなりに考えたそれぞれにふさわしい刑ということらしい。

南半球の煉獄山

さて、地球の中心である一点にアリジゴクのごとくに構えている魔王の脇腹をすり抜けると、上下が一転して、そこから先は地表へ向けての上昇ルートとなる。地表に出るとそこは大海原にある孤島だ。それは南半球にある煉獄島である。地獄に行かない者たちは、この煉獄島に送られて、罪に応じた悔悛を行なう。

煉獄島は七層構造であり、それぞれの層には「七つの罪源（大罪）」と呼ばれる七種類の罪のカテゴリーが割り振られている。下の層から高慢、嫉妬、憤怒、怠惰、貪欲、暴食、好色である。たとえば淫乱の度が過ぎて反省のまったくない人間は地獄の淫乱コーナーで永遠にいたぶられることになるが、自らの好色ぶりを悔いているほどの者であれば、この煉獄山で高慢や暴食など他の罪とともに体系的に試練を課されることで浄化される。

霊界ツアー参加中のダンテもまた、天使からP（ペッカート、罪）のハンコを額に七つ押され、試練をクリアするごとに刻印が消されていくのを自ら体験する。ツアーの最後に、煉獄の火を浴びる行事が待っていた。それはとても恐ろしい体験であった。あまりの熱さに、灼熱して溶けたガラスの池に飛び込むほうがましだと思ったほどだ。この試練を潜り抜けて煉獄山の最上部に到着すると、そこはエデンの園であった。

天動説的な天国と神の至福直観

煉獄の頂上にあるエデンの園から天空へ旅立つと、そこは天国である。それは古代の天文学者プトレマイオスが考えた宇宙を下敷きとする宇宙空間そのものだ。なにせ天動説であるから、地球を中心とする今日我々が呼ぶところの太陽系が大半を占め、その周縁部に恒星の天界がかぶさっているだけのたいへんこぢんまりとした宇宙である。大地に近いほうから、月天、水星天、金星天、太陽天、火星天、木星天、土星天、恒星天、原動天、至高天と来る。各天はちょうど星占いにおけるような性格づけがなされており、たとえば愛の星である金星の天界には友愛に燃えたる者たちが向かう。戦いの星である火星の天界には信仰の闘士が、支配の星である木星の天界には正義の統治者が赴く。

惑星として最も遠い土星の天界の外側には「ヤコブの梯子」なるものが掛かっている。旧約聖書の「創世記」に、アブラハムの孫ヤコブが荒野で天界の梯子を上り下りする天使の夢を見たという挿話がある。これに基づくものだ。恒星天には預言者や使徒がおり、原動天には九つの階級に分かれた天使たちがおり、至高天

図7－4　天国では三位一体の神を見る（至福直観）
ギュスターヴ・ドレ『神曲』版画（19世紀）

は天国の住人の本来の住処として用意されている。

煉獄までは異教徒のウェルギリウスが霊界の先達としてダンテのガイドを務めたが、天界についてはキリスト教徒の女性ベアトリーチェが案内役を務める。夭折《ようせつ》したダンテの元恋人の名であり、神学的に形象された寓意的人物である。天界の最終段階、至高天については神学者である聖人（クレルヴォーの）ベルナルドゥスがガイドを務める。彼と聖母マリアの取りなしにより、ダンテは一瞬だけ、三位一体の神を見ることができた。天国の住人にとっての最大の喜びは、神をじかに見るという至福直観なのである。

『神曲』の原題はコンメディア（英語でコメディ）である。今でいう喜劇のことではなく、ハッピーエンドに終わる物語のことだ。天国で神を見ることができたのだからハッピーエンドであることは間違いない。今日『神曲』は La Divina Commedia（The Divine Comedy）と呼ばれ、邦題「神曲（神の芝居）」はこれを直訳したものだ。

往生術、免罪符、宗教改革

人は死後に煉獄で浄化されると期待できるとしても、まずくすると最初から地獄行きが決定されてしまう。そういう心配があるからであろう、臨終前の心構えを正しくしておく作者不詳の一種の精神修養のための技法書なるもの——『アルス・モリエンディ』（臨終の技法、

「往生術」と訳される）――が一五世紀に現われ、欧州各地に普及した（ジェフリー・キャンベル）。流通本の木版画ないし銅版画を見ると、臨終を迎えんとする男のベッドに天使と悪魔が群がっている（前章の「パウロの黙示録」の情景を思わせるものだ）。天使に付くか悪魔に憑かれるかというこの発想は、やはり人間は実存的には中間項のグラデーションのない二分法で考えるということをよく教えてくれる。

図７－５　死のベッドを取り巻く天使たちと悪魔たち　マイスターE. S.の『往生術』版画（15世紀）

さて、実存的ならざる冥界地図として煉獄が生まれてきた経緯は、ル・ゴッフが言うように現世の社会構造の成熟と関係があるのかもしれないが、これには爛熟社会にありがちな思わしくない副産物もあった。神の救いを取り次ぐ教会組織が、煉獄における悔悛の罰を軽減できるとして善男善女に贖《しょく》宥《ゆう》状（免罪符）を買わせ、稼いだお金を豪勢なカテドラルの建築資金に回したりするようになったのだ。生者と死者を連帯させる取りなしの習慣は、日本で言う先祖供養や回向《えこう》（読経などの功徳を死者に廻すこと）にあたるが、あまり組織的にやってしまうと一種の「霊感商法」をもたらしてしまう。煉獄の沙汰も金次第である。

図7－6　貧者を助け祈りの道を歩む者は天国へ。飲酒や暴力の道を歩む者は地獄へ
作者未詳「天国と地獄への道」（19世紀）

宗教改革は、一五一七年にドイツの修道士である神学者マルティン・ルターが教会の入り口で贖宥状販売に対する疑問を書き並べて問題提起したことをきっかけとする。彼は破門されたが、各地に支持者も出現した。カトリック教会の強大化した権力に対する不満は広範にあり（そうした不満分子をプロテスタントと呼ぶ）、そもそもカトリック教会の司祭を通じて救いがやってくるという階級的構造そのものが否定されるようになる。教会の儀礼よりも聖書の学習の比重が増し、聖書にない煉獄などという思想も否定されるようになった。こうした方向に舵を切ったのは、結局のところ、ドイツの北部、オランダ、北欧、英国と、西欧地域の北半分、言語的にはゲルマン系が主流の地域であった。

というわけで、プロテスタントの諸教会は、基本的に煉獄抜きの天国・地獄二分法で死後の世界を考えるようになった。カトリックは今日でも煉獄を加えた三分法である。

プロテスタントは、贖宥状どころかあらゆる人間的工夫によって幸せな来世を「買う」という発想を嫌い、神に対しては現世における自らの天職を通じて禁欲的な奉仕を続けることを強調したので、おかげでプロテスタント社会では富の増大と社会の合理的組織化が進んだと言われる。社会学者マックス・ウェーバーは、神に奉仕する意識がはからずも世俗的な資本主義の発展ないし暴走を生み出したアイロニーを説いたことで有名である。

カトリックとプロテスタントの死闘

宗教改革以降、人々は死後の世界についてどんなイメージをもつようになったのだろうか？

たとえば英国では、国王ヘンリー八世がカトリックから離反して国教会を立ち上げ、その後カトリックへの揺り戻しやさらなる逆転など、不安定な情勢が続いていたが、そんな時代に生きたシェイクスピアは、どうやらカトリック的環境で育ちつつも知り合いのカトリック信徒が処刑されたりしたためか、作品の中では宗教には懐疑的で中立的なスタンスをとっている。死後のイメージもそうだ。

『ハムレット』（一六〇一年）には、ハムレット王子に自分を殺した弟（ハムレットの叔父）への復讐を求める父王の亡霊が出てくる。この亡霊の出現は、古代異教的にも読めるし（復讐を求めるから）、カトリック的にも読めるし（亡霊は煉獄から現われるから）、プロテスタント的にも読めてしまう（煉獄を否定するなら亡霊は悪魔のたぶらかしと解釈できるから）。王子はルターのいた大学の学生であり、開明的な知識人だ。いつも考えすぎて確信をもてない近代人と呼ぶべきかもしれない。亡霊の復讐依頼をめぐっていかなる判断を下したとしても、ハムレットは優柔不断であり続ける（to be か not to be か、それがいつだって問題だ）。観客はハムレットとともに最後まで悩むことになり、おかげでこの作品は世界で最も有名な問題作となった。

ところで、『ハムレット』の同時代に、日本のキリシタンたちが中世さながらの説を教えられていたのはなかなか興味深い。一五九一年刊の『どちりいな・きりしたん（キリスト教教理）』では、大地の底に物質的にある空間として、四種の霊界を説いている。最下層には「ゐんへるの」（インフェルノ、地獄）がある。決定的罪人が赴くところだ。それより浅いところには「ぷるがたうりよ」（プルガトーリオ、煉獄）がある。そこの亡者は現世で果たすことのできなかった償いをして、しばらくの間、栄光に向かうべく苦しみを受ける。その上には洗礼を受けられなかった幼児が向かう「りんぼ」（リンボ、辺獄）がある。その上には旧約の善人が待機していたがきりしとが降ってその魂を召し上げてしまったところの「あぶらんのせよ」（アブラハムの懐《セイオ》）がある。

これを読んで改めて感銘を受けるのは、切支丹《キリシタン》のような中世的メンタリティの持ち主にとって、地獄や煉獄というのはどこかの抽象的な異次元界ではなく、地下の空間だったということである（ダンテのいう南半球の煉獄山は、教会の採用する説ではなかったようだ）。この物理的具体性は、当時の信者たちに死後の責め苦の恐怖を非常に具体的にイメージさせたかもしれない。幕府の弾圧によって雲仙《うんぜん》の煮え湯を浴びせられるのも嫌だが、暗い地下できりしとの責め苦を永遠に受けさせられるのはもっと嫌だったのではないか。中世人のメンタリティは物質主義的＝オカルト的だったからこそ、踏み絵という物質を踏むか踏まぬかでも悩まなければならなかった。リベラル化した現代の教会人は、踏み絵を踏んだら救済されないなんてカルトめいた教えを信者に教え込まないだろう。時代は変わったのだ。

時代といえば、当時のヨーロッパではカトリックとプロテスタントが死闘を繰り返しており、シェイクスピアのように宗教離れしている人もいた。キリスト教世界のそんな社会的実態を知らない日本の信者たちは、二分法できっちり考える以外のゆとりはなかった。スペイン人にかわって日本と取り引きを続けたプロテスタント系のオランダ人が異国の宗教事情にノータッチの段階に入っていたのは、やはり一つの進歩だっただろう。

『天路歴程』の霊的サバイバルゲーム

一七世紀にジョン・バニヤン作『天路歴程』（The Pilgrim's Progress、巡礼者の道行き）が出版され、以来プロテスタント世界のベストセラーであり続けている。これは主人公の巡礼者があらゆる誘惑を撥《は》ねのけてゴールの天国行きを果たすという設定で書かれた道徳的寓話だ。これが人気作であることは、『若草物語』の少女たちが巡礼ごっこで遊んだという作中のエピソードからも分かる。

ウェルギリウスの異教的冥界探訪譚でも、ダンテのカトリック的霊界巡りでも、話の実質は現世に生きる者たちへの道徳的訓戒である。だとしたら、冥界や霊界の物語として描かずに、現世の道徳的試練の物語として描いたとしても、機能的な違いはない。プロテスタント好みの『天路歴程』は、まさしくそのような機能を担っている。

話の要点はこうだ。「滅びの町」の住人クリスチャン氏が俗界を疎《うと》み、家族を棄て、伝道者が指し示すはるか遠方に見える光（天国のゲートから漏れる光）を指針に、世間知、不信、惰弱、迷信、無神論などどこの世のあらゆる誘惑やら迫害やらを撥ねのけて、見事天国にゴールインする。まあ、カトリックの『往生術』におけるいささか便宜的な臨終前の修養術を、生真面目に人生全体に引き延ばしたようなものと言えるかもしれない。

良心一筋のぶれない心を称賛する物語だ。それがあっぱれな精神であることは、信者ではなくとも感じ取れる。と同時に、その良心の信念の内容に根本的な誤謬《ごびゅう》があった場合、世間知による相対化を敵視しているぶんだけ、危うい方向に進みそうだという感じもする。つまり、マインドコントロールされたカルトの話に似ているのである。

煉獄の霊感商法を棄てたプロテスタントは、今度は来世観の稀薄化と、その反動としての原理主義的思い込みの増殖という事態に備えなければならなくなった。近現代における死のビジョンの変容については第16章で取り上げる。

第8章　あえて詮索しない来世——ユダヤ教とイスラム教

キリスト教は旧約聖書を受け継ぐ伝統だが、新約聖書がギリシア語で書かれ、ギリシア哲学以来の弁論的で形而上的な思考法を重んじたためか、死後のビジョンも、プラトンやウェルギリウスなみに幻想的かつ構築的なのであった。

これに対して、セム語で書かれた教典の戒律の日常生活への適用に知的営為を傾注したユダヤ教やイスラム教は、死後のビジョンに関してはキリスト教の場合ほど大々的な形而上学を構築していない。キリスト教の立場からは「素朴」とも評される状態である。

ユダヤ教徒は死後の話をしない？

あるユダヤ人監督の映画の小ネタに、ユダヤ人には「来世がない」というのがある（ウディ・アレン『ハンナとその姉妹』『カフェ・ソサエティ』）。ユダヤ教に来世の思想がないわけではないが、この主張はまんざら嘘とも言えないらしい。

第一に、ユダヤ思想が第一に問題にしているのは終末であって、終末までの死者の居場所としての来世ではないということがある。第二に、ユダヤ思想は、現世での生き様を超える形而上学的なトピックにこだわることを潔しとしない。第三に、中世のユダヤ思想には輪廻転生(!)を含む彩り豊かな来世観があったが、現代のユダヤ人はおおかたそのことを忘れている。

第一点についてはよいとして、第二点から説明しよう。ユダヤ教の準教典であるタルムードには「四つの論題を思索する者は生まれて来なければよかった。四つとは、上にあるもの、下にあるもの、前にあるもの、後ろにあるものである」という文言がある(第二部第一二篇「ハギガ」第二章ミシュナ)。

ユダヤ思想研究者であるピンカス・ギラーによれば、「上にあるもの」は天国を、「下にあるもの」は地獄を、「前」は過去すなわち天地創造を、「後」は未来すなわち終末におけるメシア到来を意味している。こういった形而上学的な観念についてタルムードは確かに論じてはいるが、はっきりした結論があるわけではない。そればかりか、そういうものの詮索を好む者は「生まれて来なければよかった」と釘をさしているのだ。

中東文化特有の現実主義がそう言わせているのだろうが、しかし形而上学的な詮索をするのは人間の常である。古代から中世にかけて観念的なキリスト教徒はそういう詮索をよくやっていたので、やはりユダヤ教世界にも形而上学が発展することになった。それがカバラである。後世、神秘主義やオカルトと呼ばれるようになった伝統だ。

カバラ主義者は人の死後の霊魂がどのような状態にあるかを大いに論じた。ヘブライ語聖書に出てくるネフェシュ（命）、ルアハ（気）、ネシャマ（息）などの言葉はいずれも「霊魂」に相当するもので、正統信仰においてはどれも同じという扱いを受けていたが、カバラではそれぞれを概念的に区別した。ネフェシュは墓場に横たわっている身体の霊魂、ルアハは天上のエデンの園に行って祖先たちの宴席につく情念の霊魂、ネシャマは神から発した光として生きている人間に滞在する神的な霊ということになった。人間は

図8－1　ユダヤ人は昔も今もメシアを待望する。17世紀のカバラ信奉者シャブタイ・ツヴィはメシアと噂され終末ブームを呼んだが、オスマン皇帝に迫られてイスラム教に改宗してしまった　アムステルダムで印刷されたシャブタイ派のパンフレット（17世紀）

つねにこの三つの霊魂をもっている。ただし、異教徒にはネシャマはないとの意見もあった。

さてこのネシャマであるが、これは死後しばらくして神のもとへ帰っていくというのが、ひとまずカバラとしての標準的見解であった。ユダヤ人が喪の期間中にカデシュと呼ばれる祈りを一年近くにわたって唱え続けるのは、元はと言えば、死者のネシャマが神の領域へと上昇するのを促すための供養なのであった。

墓地の遺体と共にあるネフェシュは、ネシャマやルアハと離れ離れになっても連絡を保っている。そのためカバラの指南書『ゾーハル』は、墓地を神に通ずるゲートと捉えて尊重した。ユダヤ教には死者を不吉と捉える伝統もあったが、カバラ的には、墓場のご先祖様たちは子孫のために神に取りなしてくれる有難い存在なのである。

おもしろいことに、幾人かの有力な中世カバリストは、ネシャマの転生を信じた。転生が起こる理由としては、罪によって不完全となった自己の有り様を修正するため、実践しなかった戒律を改めて実践するため、生者とともに現世の事業を完成させるための三つが考えられた。転生の回数は六回、十回、数限りなく、と論者によっていろいろである。転生があるなら世代を超えて霊魂がつながっていることになるが、旧約聖書中の人物にそのルーツが求められた。性別の変更、動物や植物への転生という思想もあった。

しかしまあ、次々と転生の旅を続けるというビジョンは、三つの霊魂が墓場なり天界なり神なりへと向かうという元来のビジョンとは決して整合的ではない。そしてこの三つの霊魂のカバラ的解釈もまた、終末の復活というユダヤ教の公式理論と整合的とは言えない。キリスト教の来世観も混乱していたが、中世ユダヤのカバラ思想の来世観も、結局やはり曖昧なままに終始した。さらに近現代のユダヤ人は、こうしたカバラ的伝統をおおむね忘れてしまったらしいのである。この記憶喪失が先ほど挙げた第三点である。

という次第で、映画の中のユダヤ人が「ユダヤ教には来世がない」と言っているのはあながち嘘ではないのだ。宗教心を失って来世観を失ったというのではない。むしろそういった問題に対してドライな宗教心なのだろう。これまで書いてきたように、来世観というのは歴史的に構築されたものであるから、そこに力点を置かない伝統があっても不思議ではない。確かに、儒家も神道家も来世の有り様にはふつうこだわりがない。

イスラム教の来世観

次に、ユダヤ教と同じくセム系の言語で書かれた教典をもつイスラム教を眺めてみよう。イスラム教の来世観は、ユダヤ教と似ているだろうか？

その前に、ユダヤ教、キリスト教、イスラム教三者の関係をざっと説明しておこう。

キリスト教は一世紀にユダヤ教から派生した。そして七世紀、ユダヤ教とキリスト教の影響のもとにイスラム教が誕生した。開祖はメッカの交易商人、ムハンマドである。

ユダヤ教は紀元前の一〇〇〇年間ほどの歴史体験を通じて宗教を組織しており、旧約聖書を構成する各書の記者・編集者はみな別の時代の別の人々である。キリスト教では開祖の死後一〇〇年ほどの間に新約聖書の各書が編纂され、キリストを人間かつ神と認める教理が定着するまでに数百年をかけている。

これに対してイスラム教は短時日で立ち上げられた宗教である。ムハンマドが二〇年ほどの間に神から受けたとされる啓示を集めた教典がコーラン（クルアーン）だ。コーランの内容を敷衍《ふえん》してイスラム法を整備するにはさらに数世紀を要したが、宗教としてのイスラムそれ自体の成立期間がきわめて短いことは、ユダヤ教やキリスト教と異なる重要な特徴だ。

以上のような理由から、イスラム教は、思想的に比較的コンパクトにまとまっている。神話に関しては、当時地元に伝わっていた聖書系の伝承を受け継いでおり、コーランの各所で言及されている。人祖アーダム（アダム）、大洪水を方舟《はこぶね》で乗り切ったヌーフ（ノア）、信仰篤き族長イブラーヒーム（アブラハム）、奇跡を起こし律法を授かったムーサー（モーセ）、イスラエルの王ダーウード（ダビデ）、福音をもたらしたイーサー（イエス）等々をめぐる神話モードの歴史説話だ。

イスラム教は、ユダヤ教とキリスト教が数百年かけて構築してきた終末、復活、審判、天

図8－2　人頭馬に乗って天界を旅したムハンマドが見せてもらった火獄のようす　写本挿画（15世紀）

国、地獄からなる来世観（終末観）についても、大雑把な話の流れをそのまま採用した。世界は未来において終末を迎える。イスラムにおいて「来世（アーヒラ）」と呼ばれるのは、終末後に出現する楽園（天国）と火獄（地獄）のことだ。神の審判によって善人は楽園に、悪人は火獄に住まうことになる。

死んでから終末までの間、死者たちはどうしているのか？　はっきりした答えはないようだが、墓に入るにあたって死者はムンカルとナキールという天使の尋問を受け、中途半端な空間（バルザフという）で善人は楽園的状態を、悪人は火獄的状態を前もって味わい続けるというのが有力な説とされる。なお、殉教者などはこの段階を飛ばしてすぐに楽園入りするらしい。別の説では、死者はアダムのいる天界に向かうとされる。キリスト教でいうアブラハムの懐的な空間だろう。

というわけで、終末後が基本で死後の状態が二次的という聖書宗教の来世観の基本的特徴が、イスラム教にも見られるのである。

終末の経緯

終末のプロセスも「ヨハネの黙示録」を踏まえている。

世に不正義が蔓延するとき、大地から獣（人語を話す獣？ 獣の如き人間？）が出てくる（コーラン第二七章）。これは黙示録の「獣」に相当する。ヤアジュージュとマアジュージュという蛮族も暴れまわるが、これも黙示録に言及されたゴグとマゴグに由来する。

ダッジャールという巨人が出現して、再臨のイーサー（イエス）によって成敗されるという伝承もある。黙示録的にはこのあたりでキリストの千年王国が実現するところだが、イスラムでは彼の次に出現した救世主マフディーによってイスラム法の正義の実現の時代が訪れることになる。

黙示録と同様、コーランでも終末開始のしるしとして天使がラッパ（角笛）を吹く（第六九章）。第一のラッパであらゆる者が失神するか死ぬかし、第二のラッパですべての死者が復活し、災害の果てに、人間どもはみなひと所に集められ、審判が始まる（第五〇章）。黙示録の「命の書」に相当する帳簿が各人に突き出され（第一七章）、善悪が計量され、楽園行きか火獄行きかが決められる。かくして復活と審判、楽園と火獄が実現する。

楽園と火獄の様子

イスラムの楽園（ジャンナ）の描写は、いかにも肉感的であることで有名だ。楽園には川が流れ、かぐわしき泉がある。一種のオアシスだ。楽園に行った者たちは、優雅に木陰の寝台に寄りかかり、銀の器とガラスのコップを手にする。「彼らの周りには永遠の少年たちが回る。おまえが彼らを見たなら、撒き散らされた真珠かと想ったであろう」（中田考監修コーラン、第七六章）。

お酌されるのは酔わないし頭痛ももたらさない酒だ。イスラムでは一般に飲酒はご法度だが、来世に行ってしまえば酒の上での失敗もないので、ＯＫとなるらしい。というか、楽園の美酒は妙な酔い方はしないのだ。果物も種々の鳥の肉なども供される。さらに「円《つぶ》らな瞳の天女もいる。まるで隠された真珠のようである」（第五六章）。天女たちは出産によらず創出されたもので、永遠に汚れなき処女である。

これが生前に信心深かった者たちの行ないの褒賞であるが、しばしば指摘されるように、こうした描写は基本的に男性目線でなされている。家父長主義が基本のモードなので、奉仕する立場にあるのは天界の女たちばかりではなく、少年たちもである。古代ギリシアにも日本の武家社会にも共通する、古代中世ユーラシア標準型の秩序感覚だ。

こうした視点の偏りは、女性の権利問題に敏感になってきた現代イスラム世界でも問題になっているようで、女性たちからイマーム（宗教指導者）に、これをどう受け取ったらよいものかとしきりに質問が向けられているらしい（藤原聖子）。法学者としては、楽園に行ったら神が男女ともみなが満足するように調整を図るものだ、安心なされよ、という一般論で質問者をなだめるしかないようだ。

火獄（ナール、ジャハンナム）の描写はどうなっているだろうか？

罪人たちは火で焙《あぶ》られる。これはキリスト教でも仏教でも同じである。ただ、聖書の外典や『神曲』あるいは『往生要集』などに描かれるのよりも、刑罰の種類はシンプルである。熱湯や膿汁《のうじゅう》の刑罰もあると言われるが、基本的には火、火、火である。

興味深いのは、不信仰者や多神教徒たちが永遠に火で焼かれるのに対し、イスラム教徒の場合は、頑固きわまりなき背教者でもない限りは、殺人を犯しても、姦通を犯しても、戦闘の最中に卑劣に振る舞っても、つい偶像を拝んでしまっても、基本的には火獄の懲罰は「永遠」ではなくて済むらしい。この場合の火獄の火は一種の浄化だから、カトリックの煉獄に似たイメージだと言えるだろう。軽い罰で済むよう預言者ムハンマドが取りなしてくれるという説もある。このあたり、信者であっても罪人は永遠に地獄送りになる——しかもおそらく古代中世のイメージでは地獄に行く人は圧倒的に多かった——というキリスト教に比べて、イスラム教の審判の基準はかなり温情的である。地獄で永遠に苦しむのは異教徒と背教者にほぼ限られるとすれば、これはイスラムの信仰体制をガードするには好都合な設定と言えそうだ。

現実社会の掟

さて、コーランの語る楽園での会話である。ある人が、天女にかしずかれ酒杯を仰ぎながら語り出す。生前、わしには死後の裁きなんぞありえないと断言していた友人がいた。ところが、今下を見ると、その友人が火獄で苦しんでいる。

「ああ、すんでにお前のおかげでわしも破滅するところであった。主のお情けあったればこそだが、さもなくば、わしも（お前と一緒に）曳きずり出されるところであった。」

「ほんに、我らは、死ぬといえば、この前死んでそれ以上死というものはなく、もう罰を受ける心配もないのでしょうか。」

「もしそうだとすればこれは大した儲けもの。何か仕事するからには、こういうことを目指してすべきです。」（井筒俊彦訳『コーラン』三七章）

この語り口は、「ルカによる福音書」の「金持ちとラザロ」の訓話に似ている（本書第5章参照）。イエスの寓話では陰府に堕ちた金持ちのほうがラザロを見上げて大失敗を悔やんでいるから、話の方向は反対だが。他方、新約外典「ペトロの黙示録」では、天使に引率された義人たちが地獄の亡者たちを「いい気味」とばかりに眺めている（第6章参照）。コーランの語り口は、こういったタイプの古代的訓話の系譜に属している。

その系譜の中の最も古いものの一つが、「創世記」のノアの洪水神話である。旧約聖書のこの段階では天国も地獄も想定されていないので、罪人の報いは洪水で滅びることであり、義人の報いは方舟で生き延びることである。現代西欧の宗教批判者は、善人であるはずのノアが滅びつつある同胞たちに何らの憐憫《れんびん》の情も見せないことに違和感を覚えているが、そもそもノアの方舟の訓話の目的は勧善懲悪にあるのだから仕方がない。

コーランの宗教が強調してきたのは、旧約を教典とするユダヤ教と同様に、現実社会における神の掟《おきて》の運用であった。ユダヤ教はそのため死後にどうなるかについては詮索するなと言い、イスラム教では来世の訓話を勧善懲悪モードで語っているのである。

いずれにせよ、こうした描写は庶民向けである。イスラムの学者たちは、庶民的に表出された楽園の肉感的描写を突き抜けて、信心の報いの本質を、神を直接観る至福直観のうちに見ている。

もっとも、こうした楽園理解ができるのは、エリート的達人である。それで満足しない人はいくらでもいる。中世ユダヤ教のカバラでは、輪廻転生の方向に想像力を膨らませた。イスラム教のいくつかの伝承では、天女の数が七二人だとか、五〇〇人だとか（さらに四〇〇〇人の処女と八〇〇〇人の大人の女もセットになっている）という方向に想像力を費やしてきた。「イスラムの天国には処女が七二人いる」というのは西洋世界で有名になった話だが、コーランに由来するものではないし、そもそも論点として本質的なものではない。

PART Ⅲ

輪廻宗教の来世観――報いとしての転生と解脱

PARTⅢではインド生まれの古典的な大宗教、ヒンドゥー教と仏教の来世観を扱う。すなわち「輪廻」と「解脱」の類型に属する宗教である。第9章はヒンドゥー教の最古の段階である婆羅門《バラモン》教のウパニシャッド思想を、第10章は釈迦《しゃか》の思想を、第11章は釈迦の仏教から派生した大乗仏教を取り上げ、それぞれの輪廻観を眺めていく。第12章で取り上げるのは輪廻思想としては少々例外的な浄土思想である。仏教は中国や日本に伝わったが、この地域では輪廻思想は他のアジア地域ほど受け入れられなかった。

第9章　凡夫と修行者の運命——ウパニシャッドの輪廻観

インド人は輪廻思想を入念に構築した。死後の運命を左右するのは生前の行ないが結晶化したカルマ（業《ごう》）であり、その決定的影響力を免れるには修行に励まなければならない。最良の天界への転生でさえ業の支配を逃れるものではなく、苦行の達人にとっては厭《いと》わしきものであった。この思考法はほとんど二五〇〇年以上にわたってインドの思想界を支配してきたし、今なお支配している。他方、民衆のほうは輪廻をエリートほどに悲観的には捉えなかった。好ましい転生を迎えるならば解脱など目指す必要はなかった。

ヴェーダとウパニシャッド

「ヒンドゥー」はインダス川の語源となったスィンドゥに由来する名称で、インドの語源でもある。そのインド地域に広がる宗教的な伝統一般を近代になってヒンドゥイズム（ヒンドゥー教）と呼ぶようになったが、ふつうは特殊な系譜をもつ仏教、ジャイナ教、シク教を抜いた残りの伝統について用いられる。さらに紀元前の古い段階については、祭司階級である婆羅門（原語はブラーフマナ）にちなんで婆羅門教と呼ぶ慣行がある。

紀元前二〇〇〇年前後にはインダス川流域にインダス文明が栄えていたが、その宗教や思想については文章の記録がないのではっきりしない。しかし、大地母神などを拝み、後世のヨーガにあたる瞑想を行なったり沐浴《もくよく》したりしていた可能性がある。この文明はやがて衰退した。

前一五〇〇年頃に、現在のアフガニスタン方面からインド・ヨーロッパ語族のアーリア人が侵入した。彼らは現在のロシア南部などに住んでいた遊牧民で、ギリシア人、ローマ人そして現在の英国人やドイツ人などヨーロッパ系の人々もまた系統的に起源を一にする。アーリア文化と先住民文化は入り混じり相互に影響していくが、政治的にも思想的にも統括する側に立ったのはアーリア人であった。

アーリア人が前一二〇〇年頃から数百年かけて作成した呪術・宗教・哲学的な文献群を「ヴェーダ」と総称する。ヴェーダにもいろいろあるが、重要なのは『リグ・ヴェーダ』である。ここにはさまざまな神々への讃歌が収められている。

『リグ・ヴェーダ』の時代の支配的な死生観は、ホメロスや旧約聖書の場合と同様、生への

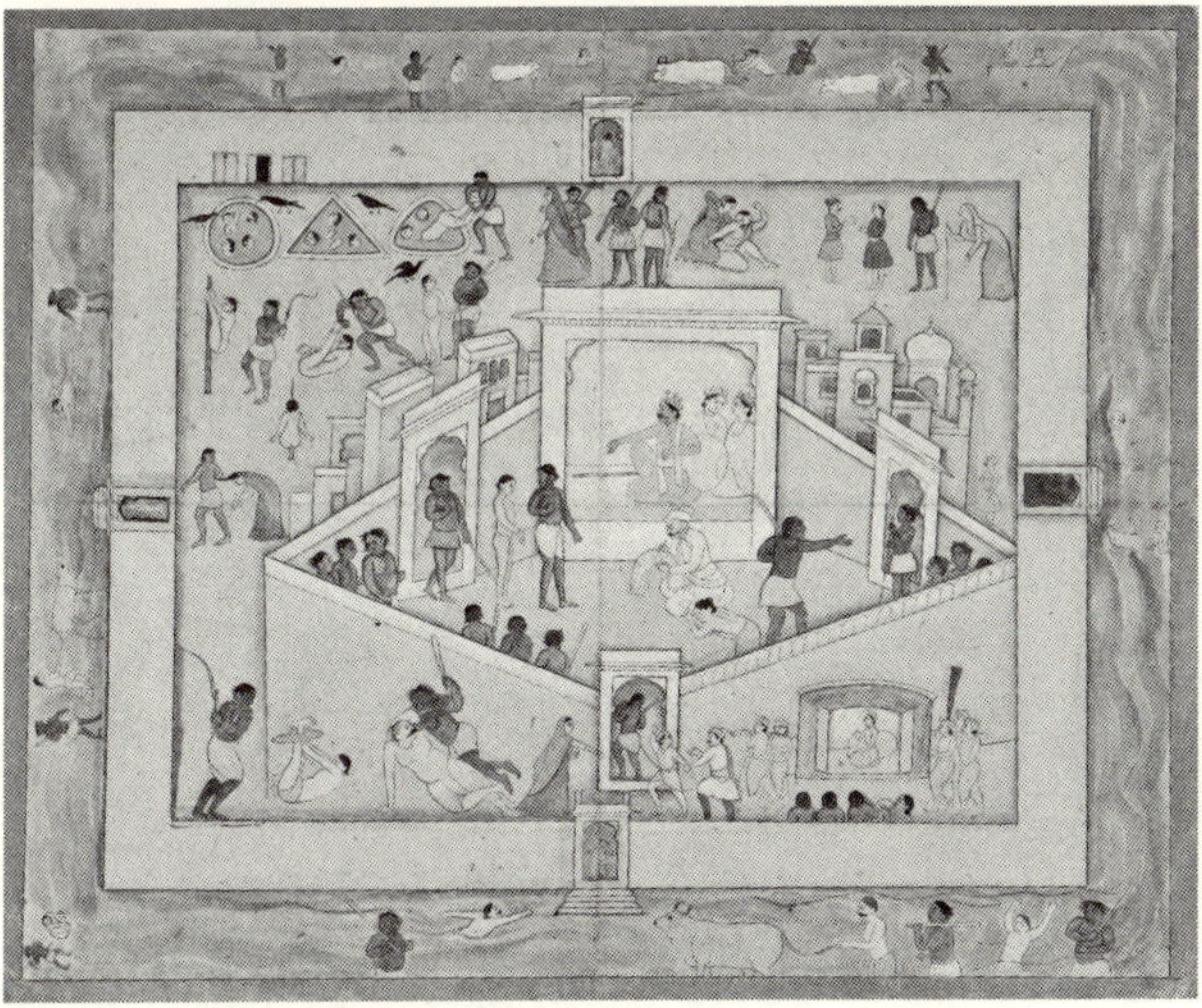

図9－1　最初の死者であり死後の審判を行なうヤマ（ヤマラージャ、ヤムラージ、閻魔）の法廷　伝グルサハイ画（19世紀頃）

完全なる執着である。死は不幸以外の何ものでもない。人々は神々に長命を祈願する。ソーマという麻薬飲料を服せば不死になるとも言われる。

死者については？　善人がヤマの支配する天界に行くように願う祈りがある。ヤマは最初の死者であり、それゆえ死者の王となったのだ。ちなみにこのヤマは、後世のヒンドゥー教や仏教では来世の裁判官となっている（漢訳では閻魔）。また、悪者を地下の暗闇に閉じ込めるよう願う祈禱《きとう》もある。

死後の安らぎを大地母神に願う祈りがある。これは非主流のものらしいが、現代でも唱えられているそうである。

この段階では輪廻思想は未発達であ

る。輪廻についてまとまった形で言及されるようになるのは、ヴェーダ文献の中の最新層である「ウパニシャッド」と呼ばれる哲学的文献においてだ。そこでは哲人の一人が秘密めかした感じでカルマ（業《ごう》）に触れているのだが、これは当時の新思想であったらしい。死後の霊魂が他の身体に入り込むとき、業すなわち生前の行為が善かったか悪かったかに従って、善き者となったり悪しき者となったりする。輪廻する主体としての霊魂は、アートマンなどと呼ばれている。

このアートマンなるものは、個人的自己のようにも、個人性を離れた普遍的なもののようにも捉えられていた。この二重性が、死後の二つの運命、すなわち輪廻と解脱の二重性を呼び込んだ。すなわち、自己（アートマン）を「私」という個人に結びつけてしか意識できないふつうの人間は、死後に別個の個人の意識を「私」だと思うようになる。すなわち輪廻転生する。他方、神秘的修行を通じて「私」を超える普遍意識の体験が得られた者は、死後は転生せず、宇宙の精髄すなわちブラフマンへと帰入する。すなわち解脱だ。

少なくともインド人はこの二分法を信じるようになった。なお、アートマン（我）がすなわちブラフマン（梵）だと認識している状態は、漢語で「梵我一如《ぼんがいちにょ》」と呼ばれる。インド人の究極の理想もしくは世界の真実相である。

五火二道説

輪廻の思想は、現代人には奇異に感じられるような形で体系化された。『チャーンドーギヤ・ウパニシャッド』の中に、輪廻に関する五火説と二道説が説かれている。

【五火説】死後、個体は五段階で再生する。①火葬ののちに月に入る。②雨となって地に降る。③食物となる。④それを食べた男子の精子となる。⑤母胎に入って再生する。

五火説の特徴は、連続する変容のさまを、供犠において火に何かを供物として投じ、別の良きものを得るという呪術的なビジョンで語るところにある。

すなわち、①から②へ：神酒ソーマ（天体の月と同一視される）を雨の神に見立てられた祭火に投じると、この儀礼の神秘の作用によって雨が降る。②→③：この雨を大地という祭火に投じると（つまり大地に雨が降ると）食物が生じる。③→④：この食物を男子という祭火に投じると（つまりご飯を食べて精力をつけると）精子が生じる。④→⑤：この精子を女子という祭火に投じると（つまり性交すると）胎児が生じ、再生完了となる。

何とも分かりにくい話である。なお、①において死者が火葬されるとなぜ月に入るのかというと、満ちたり欠けたりする月は生気を溜め込む一種の容器だと考えられていたからしい。その月が麻薬のような神酒ソーマと同一視される理由は、どうやらまんまるい月が盃を連想させ、神々の酒盃とされたからだ。どこまでもマジカルな思考なのである。

図９－２　左端の川辺に向かうヒンドゥー教徒の葬列。死者は火葬される　作者未詳（19世紀）

というわけで、五火説とは、火葬の煙が上がり雨が下に降るという気象現象と、男が種で女が畑だという生殖観とを足し合わせた、一種のオカルト科学だったわけだ。

【二道説】死者は転生する祖霊の道の他、転生しない神の道に向かうことができる。

①神の道。五火説の霊魂の循環を理解した上で、なおかつ森林で苦行を続ける神秘主義者は、死後にいくつかの過程を経て天体の月に同化したのち、宇宙の本体たるブラフマンの世界に永遠に留まることになる。

②祖霊の道。村の中で祭祀に努めている一般社会の人間は、死後に先ほど

とは少し違うルートを辿っていったん祖霊の世界に留まり、そのあと月を経由して雨、食物、精子、胎児となる。すなわち転生の道である。

転生に際しては業の作用が働き、浄らかな行為者は婆羅門、王族、庶民の階級として再生する。悪行をなした者は賤民や犬や豚の母胎に入る。（なお、黄金どろぼう、師の妻を犯す者、婆羅門殺しといった極悪人および彼らと交際する者は、通常の転生ではなく、虫けらが生死を繰り返す世界に堕ちていく。例外的な第三の道である。）

古代インドの哲人たちは、神秘の知識の獲得を何よりも重視した。知識があれば解脱するし、知識があれば転落を免れる（たとえば極悪人と交わる者も、五火二道の知識さえもっていれば第三の道へ転落しない）。

輪廻説のダークサイド

さて、輪廻転生においては、生前の行為がカルマすなわち業となって「自業自得」の結果を招くことになっている。一神教の場合は神が審判するが、輪廻宗教の場合は行為それ自体による自動判別である。

生前の行為と死後の運命との関係は「因果」とは呼ばれるものの、常識的あるいは科学的な意味での因果関係ではない。つまり行為である業が死後も何らかの痕跡を残して来世の身体を決定する仕組みは、オカルト的としか言いようがない。善人が好ましい人生に生まれ、悪人が好ましくない人生に生まれると聞くとなんだか納得してしまうが、これは善人には宝くじが当たり、悪人は事故に遭って死ぬというのと同じくらいオカルト的な論理なのだ。

とはいえ、インド人は輪廻説は合理的なものと受け止めた。なぜなら、通常の論理では自分のせいとは考えられないようなひどい境遇（「ヨブ記」のヨブが受けたような不運）も、前世を計算に入れることで自業自得として処理することができ、つじつま合わせは完璧になるからだ。実は、このつじつま合わせのために、カースト制度のような不条理が正当化できてしまったのである。自業自得という概念は危ういところをもっているのだ。インドを超えて国際的に広がった仏教は、カースト的身分秩序までは海外に輸出しなかったが、それでも仏教が定着した日本など各地における身分差別を正当化することがあった。

なお、業による自動審判は、神話的には「神の審判」のように描かれている。すなわち、ヤマ（閻魔）あるいはヤマラージャ（閻魔王）による審判である。序章で触れたように、インド人は今日でも、臨死体験においてヤムラージ（ヤマラージャ）に遭遇するという。東アジアの仏教における閻魔の働きについては第13章を参照されたい。

輪廻の中にある生存形態は厭わしいものであり、真の救いは輪廻から抜け出ることとすなわち解脱にある、というのは、あくまでもエリート宗教者たちの建前である。民衆のほうは基本的に「現世でそこそこ善行を積んだから、来世もそこそこいい所に行けるだろう」と期待して生きてきた。

インド思想史家の森本達雄の語るところでは、外国人が聖地ヴァーラナシー（ベナレス）のガンジス河畔で死を待つ老人たちに出遭うとき、彼らは口々に、この老人たちの静かな諦観の面差しに感動を覚えたと告げる。

どうして老人たちは諦観していられるのか？

……彼らは、生と死のすべてを自然の大きなめぐりと観じ、霊魂は肉体の死後も生きつづけ、天界の楽土に赴き、祖霊たちと再会したのち、やがてふたたびこの世に生まれかわるのだ、そして自分は、すくなくとも今生で、あれこれ善い行ないをしてきたのだから、来世はきっと現世より幸《さち》多く生まれるにちがいない、そうした期待と信念を胸にいだいているのである。

（『ヒンドゥー教――インドの聖と俗』、一五頁）

もちろん平静さあるいは諦観をもって生きている人は、転生の信者ばかりではないだろう。田舎ふうの暮らしと古風な信心の中にある伝統社会の住人が、貧困や病苦と共存したまま、諦観と来世の報いの念に甘んじているとは、昔から言われてきたことだ。

第10章　変化する世界は苦である——釈迦の洞察

紀元前五世紀には、婆羅門たちの権威も薄れ、ヴェーダの神々の祭祀に満足しない遊行者たちの間に、唯物論から運命論までさまざまな自由思想が流行した。その中にあって、ヴァルダマーナが始めたジャイナ教と釈迦が始めた仏教が、心身を統御する規律の伝統として後世まで生き残った。本章では原始仏教の人生観と来世観を見ていく。基本の図式はウパニシャッドの哲人たちのビジョンと同様の、輪廻と解脱の二分法でできている。

王子の悩みと悟り

釈迦が活動したのは前五世紀前後である。同時期には、中国で孔子が、ギリシアでソクラテスが、中東で旧約の預言者が新思想を唱えていた。いずれの地域も戦争続きであったが、北インドの平原でも、マガダ国やコーサラ国といった都市国家レベルの規模の国々が地域の

図10－1　釈迦のかわりに描かれた法輪。解脱することで釈迦は真理の法に帰入した
古代インドのレリーフ

統一に向けて戦闘を繰り返していた。

　釈迦はシャーキャ族の小国の王子だったと伝えられる。本名はガウタマ・シッダールタであるが、「シャーキャ族の聖者」という意味のシャーキャムニを漢字で書いた釈迦牟尼《むに》、およびそれを意訳した釈尊や略形の釈迦が漢字文化圏での通称となっている。

　仏典の各所に散らばる釈迦の伝記を総合すると、彼が悟るまでのプロセスはこうである。まず、王宮で何不自由ない暮らしをしていた。妃をめとり、子供も生まれた。だが、釈迦は老・病・死のような苦の問題に悩み、おそらく二九歳頃に出家した。二人の師について修行を試みたが、その教えに飽き足らなかった。そのあと激しい苦行を行ない身体をいじめ抜いたが、これも無駄だと気づいた。彼は苦行を棄て、菩提樹のもとで瞑想を行ない、これによって悟りを開くことができた。すなわち、生死《しょうじ》（生まれることと死ぬこと、すなわち輪廻）を乗り越え、ブッダ（目覚めた人）となった。推定三五歳のことである。

ブッダの得た解脱の状態を「（迷いの）火が吹き消された」という意味のニッバーナ（ニルヴァーナ、涅槃）や、ブッダと語源的に結びついたボーディ（菩提）などと呼ぶ。

輪廻を卒業して解脱の悟りを得るという構図は、インドですでに成立していた世界観を踏襲したものであり、釈迦独自のものではない。他方、世俗的な快楽から遠ざかるばかりでなく、修行者の自己満足と化した激しい苦行も否定し、両極端を避けた中道にこそ真理が見出されるとしたところに、釈迦の、すなわち仏教の方法論上の新機軸があった——そんなふうに理解されている。

苦、無常、無我

では、思想上の新機軸はどこにあったのか？　これは学者によって捉え方が違う。戦後日本の仏教学で権威のある一つの捉え方では、釈迦の思索の出発点は「苦」「無常」「無我」にあった（中村元《はじめ》・三枝充悳《さいぐさみつよし》『バウッダ』）。これについて筆者なりに要約すると次のようになる。

生の現実は苦である。それは身体的な苦痛や精神的な苦悩を超えて、物事が思い通りに行かないこと全般を意味する。老いもあるし病もある。欲望は欲求不満に終わる。別離もある。要するに物事は変化してしまう。だからこの変化の必然性すなわち無常（固定されていないこと）が生の現実だとも言える。

しかし、無常と喝破できずにあれこれの現実に捉われていると、自分も一緒に流されてしまう。そして流されそうになるたびに現実と自分とが別物であることにハッと気づかざるをえない。つまり、無我（私のものではない、私ではない、私のアートマンではない）という事態もまた、生の現実である。

結局、この「苦」「無常」「無我」という本性をもつこの世の現実に流されないで立っていられるだけの主体性を、理屈ではなく実践的に身につけたなら、それが悟りである。

最初期の仏典の一つ、『ダンマパダ（法句経《ほっくぎょう》）』はそうした実践的な主体性を「自己《アッタン》」（アッタンはアートマンの俗語形）と表現している。「実に自己は自己の主である《アッター・ヒ・アッタノー・ナートー》」と説き、自己は自己の拠り所《ガティー》だとしている（三八〇詩）。

神話的世界観としての輪廻

流動的な世界に対峙する主体性をめぐる釈迦の洞察に、世俗的な現代人も同意できるかもしれない。なかなか哲学的であると、あるいは実践的に有意義であると感じられるかもしれない。

しかし、釈迦の教えを現代風にあまり合理化して捉えるのは考えものだ。釈迦も周囲のインド人も古代インドの神話的世界観の中に生きており、それを前提としてものを語っている。実践的な人間である釈迦は「形而上学的な論争にかまけるな」と説いたとも言われるが、当人は自分なりの形而上学をはっきり持っていた。

まず、無常にして無我と喝破された老病死ある現実世界は、インド的常識に従ってそのまま生死《しょうじ》=輪廻の世界と捉えられていた。解脱とはやはり輪廻からの解脱なのである。「自己」が実践的にはともかく、形而上的には実体をもたないと悟り（これも「無我」と呼ばれる）、煩悩を断って悪しき因縁を断つと、次には再生（転生）しなくなる。伝記的記載のある『聖求経《しょうぐきょう》』によれば、釈迦は「わたしはみずからは生まれるものであるけれども、……生まれることのない無上の安らぎであるニッバーナを得た」と言っている（『原始仏典』第四巻、三九二頁）。つまり、悟った（迷いの火が吹き消された）状態がニッバーナすなわち涅槃だが、悟って死んでもはや転生しない（生命の火が吹き消された）釈迦の死の状態が大般涅槃（大いなる完全な涅槃）である。

他方、迷いを抱えたまま生きている我々凡夫は生死を続ける。業（カルマ）の作用が続くからだ。

さらに、一般に仏伝などの説くところでは、釈迦は自らの前世を想起することができるのみならず、他者の前世や来世をもテレパシー的に透視することもできたことになっている。

これはイエスの数々の奇跡と同様の、マジカルな信仰である。

釈迦は苦悩を分析するにあたって、物事の因果関係を省察した。種々の因果の連鎖は、やがて教団の中で「十二支縁起」という定型句にまとめられた（経典中の開祖伝では、釈迦は悟りを開く際に「十二支縁起」そのものを省察したことになっている）。

十二支とは、①無明《むみょう》（無知）→②行《ぎょう》（潜在的形成力）→③識《しき》（識別作用）→④名色《みょうしき》（名称と形態）→⑤六処《ろくしょ》（眼《げん》・耳《に》・鼻《び》・舌《ぜっ》・身《しん》・意《い》の六感官）→⑥触《そく》（接触）→⑦受（感受作用）→⑧愛（妄執）→⑨取《しゅ》（執着）→⑩有《う》（生存）→⑪生《しょう》（生まれること）→⑫老死（老い死にゆくこと）という順番で並ぶ一二種の因果的要素である（括弧内は岩波仏教辞典の注記による）。これは初期仏教の大事な教理となったが、意味を正確に理解するのはとても難しい。

主流の解釈は、この一二ステージを生まれる前から次の生までの人生の流れに割り振るものである。①→②は前世における迷いの因果、③→⑦はその結果生を受けた現世における感覚機能の発達、⑧→⑩は引き続き起こる執着のプロセス、⑪→⑫はその帰結としての来世の状態である。前世から現世を通り抜けて来世に向かう。そのうち現世の部分は生理学のようなものと心理学のようなものから成り立っている。

現代の日本仏教ではほとんど顧みられることのない教説だが、東南アジアでは今でも最重要の仏説の一つとされている。

『ダンマパダ』の聖句の輪廻的解釈

どうやら原始仏教の教説は、輪廻抜きでは理解されないものであったらしい。ブッダの福音として知られる宗教的詩集である『ダンマパダ（法句経）』の有名な次の聖句も、東南アジアでは輪廻的に読まれている。

ものごとは心にもとづき、心を主とし、心によってつくり出される。もしも汚れた心で話したり行なったりするならば、苦しみはその人につき従う。――車をひく（牛）の足跡に車輪がついて行くように。

ものごとは心にもとづき、心を主とし、心によってつくり出される。もしも清らかな心で話したり行なったりするならば、福楽はその人につき従う。――影がそのからだから離れないように。

（『ブッダの真理のことば　感興のことば』、一〇頁）

現代日本人が読めば、自分の心がけ次第で自分の状況が変わると言っているだけに聞こえる。そうした理解には前世も来世も出てこない。しかし片山一良《かたやまいちろう》の記すところでは、東南アジアでは後五世紀のインドの注釈書に従って、この聖句に一個の転生のエピソードを重ねて読むのだと言う（片山『『ダンマパダ』全詩解説』）。それは、一人の長老が悟りを得ると同時に失明したというエピソードである。この長老は前世において医者であったときに患者を故意に失明させ、その悪しき因縁によって現世では自分が失明してしまった。そのように釈迦が語ったとされている。（こうした理解が障害者差別を招かないものかどうか、現代では問わざるをえないだろう。）

地獄の責め苦

さて、死者の転生先は、人間界のみならず神々の世界も畜生の世界もありえる。最悪の転生先は地獄だ。この地獄についても、釈迦は詳細に説いたことになっている。最も古い聖句を含むとされる『スッタニパータ』では、悪口を言う者、聖者をそしる者、嘘をつく者、悪行をしらばくれる者、悪行をしながら他人を非難する者、生き物を殺す者は地獄に堕ちる、とある（六六〇〜六六五）。

人は自らの行為の報いで来世で苦しむ（六六六）。地獄は「闇」の空間であり、そこで「獄卒」どもに激しく責められる。刑罰の内容は「鉄槌で打たれる」「鉄の串を刺される」

「灼熱した鉄の球のようなものを食わされる」「炭火で焙られる」「燃え盛る炎につっこまれる」「銅製の釜で煮られる」「膿《うみ》や血で煮られる」「蛆虫《うじむし》のいる釜で煮られる」「剣のような葉ばかりの林で迷い手足を切られる」「舌に鉤《かぎ》をかけて引っ張りまわされる」「鋭利な剃刀《かみそり》が流れる川を渡らせられる」「犬や猛禽などに貪《むさぼ》り食われる」といったものである（六六七～六七五）。

これらの文言を本当に釈迦が言ったかどうか分からないものの、後世に流布した地獄なるものの大まかな特徴は、このように、仏教の出発点から一通り出揃っていたのである。

『スッタニパータ』の地獄の説法の結論は、「だからこの世で生きている間にきちんとしておきなさい」という、生者が嚙みしめるべき教訓である（六七六）。機能としてはイエスの説いた「金持ちとラザロ」の説法と同じだ。イエスの訓話よりも復讐の情念が強いようだが、キリスト教にはかわりに「ヨハネの黙示録」における露骨に復讐的な終末描写がある。終末のない仏教では、輪廻の地獄描写において復讐が果たされているのである。

なお、一神教における終末後の地獄の責め苦が永遠に続くものであるのに対して、輪廻の枠の中にある仏教の地獄の場合は、いかに過酷な責め苦といえども、次の転生までには終わる。だから仏教の地獄は、機能的にはむしろ煉獄（死後に一定期間いる浄化の空間）に相当するという意見もある。とはいえ、煉獄相当だから仏教のほうが楽だということには決してならないだろう。インド人は天文学的に巨大な数を繰り出してくるのを好むが、釈迦の説いた地獄の収監期間もゼロが何十個もつくような桁数である。転生する前に宇宙そのものの寿命が尽きてしまいそうだ。

釈迦の大いなる死

死の懸念には死後の行き場所の懸念の他に、死者と生者の別離をめぐる悲嘆がある。とくに死者を見送る側にとっては、別離こそが一番の苦しみだ。仏教の用語では「愛別離苦」と言う。誰もが個人的にばらばらの来世に向かうことになるインド式の輪廻信仰では、死に別れた者たちが転生先で再会する可能性は、確率論的にいって無限に小さいはずである。輪廻があればいつまでも生きられるから幸せだとも言い切れないのは、この別離の苦があるせいでもある。

では、釈迦が死んだとき、つまり愛する師との別離の現実をつきつけられたとき、弟子たちはこれをどう受け止めたのであろうか？　釈迦はブッダだから定義上転生しない。しかし涅槃（大般涅槃）に入るというのがどういうことなのか、弟子たちにとっても我々読者にとってもまったくの謎である。最初期の教団においては、涅槃入りした釈迦を神のような存在として語る神話は未発達である。弟子たちはむしろ、師との別れを完全なる喪失と認識して悲嘆した。その悲嘆の様子が、初期仏典の『マハーパリニッバーナ・スッタンタ（大般涅槃《だいはつねはん》経《ぎょう》）』に記録されている（これは大乗経典の『涅槃経』とは別である）。

この経典には、釈迦の最晩年の様子が描かれている。キリスト教で言えば、各福音書の後半三分の一ほどに書かれたイエスの受難に関する記事（エルサレムに入ってから最後の晩餐、逮捕、裁判を経て十字架上に死すまでの記録）に相当すると言えるだろう。イエスの場合は処刑という悲劇が起きているが、ブッダの場合は老齢による自然死であるからいわゆる「大往生」とも言えるわけで、哀しいとはいえ、話の雰囲気はだいぶ違う。

さて、釈迦は死期を悟り、弟子とともに最後の旅に出る。釈迦の秘書を長く務めていたアーナンダ（阿難）は、最愛の師と別れなければならないことを大いに嘆く。しかし、釈迦は「悲しむな、嘆くな」と告げる。

——そもそも私は、いかに愛しているとしても、すべての存在と別れる日が来ると説いてきたではないか。生じたり造られたりしたものでありながら、消滅を免れるなどということはありえない。それが道理だ。アーナンダよ、君はこれまでよく私に仕《つか》えてくれた。君は善い行ないをしたのだ。だから修行に努め励みなさい……。

確かに弟子たちはみな迷いや苦しみの超越を目指して修行してきたはずなのだから、師がこのように言うのは正しい。嘆くというのは執着から来るものであって、煩悩の表われとい

図10－2　釈迦の大いなる死は常に右手を下に横たわる姿勢で造形される
タイ、ワット・スタット（年代未詳）

うことにもなる。

釈迦はまた、別の箇所で、「自己」を頼りとして修行せよという訓戒を、遺言のように告げている。先に説明したように、この「自己」とはあらゆる現象を超えて自立している主体性のことだ。仏典の表現は、「自己を島とせよ」である。インドの雨季には多量に雨が降る。平らな平原はそこらじゅうが水浸しになる。そんなときにも、奔流に押し流されない中洲のようなものが残る。「自己」はこれにたとえられているのだ。不動の足場ということである。ちなみに、漢訳仏典では「島」の原語ディーパを同音異義語の「灯明」と解釈したので、「自灯明」という言い方となっている。この場合は、自らを灯火のような道しるべにするということになる。

ともあれ、開祖時代の仏教では、「浄土でみんなが再会できるから安心しなさい」のような教えは説かれなかったし、後世の『法華経』のように、釈迦を永遠の存在というふうに表象することもなかった。涅槃入りした釈迦はキリストのように再臨することもなく、仏教では一般信徒が終末のときに復活することもない。輪廻とは人々をばらばらにするものであり、解脱とは二度と生まれないことだから、ここには分離や絶縁があるばかりである。死の本質は分離、絶縁に他ならず、それを苦に感じる気持ちを解体するのが、仏教の提供する救済なのであった。

矢の教え

日本に伝わる大乗仏教は、釈迦の時代から五世紀ほどたってから派生した二次的な仏教である。釈迦時代の教えにかなり近いと考えられているのが、スリランカやタイなどに伝わったテーラワーダ仏教だ。テーラワーダにおいて死に関して人々に説かれるのは、最も古い経典と推定される『スッタニパータ』所収の「矢の教え」と呼ばれる二〇句ほどの聖句だ。

生まれたものどもは、死を遁《のが》れる道がない。老いに達しては、死ぬ。実に生あるものどもの定めは、このとおりである。（五七五）

以下、次のような説法が続く。死は熟した果実の落下のようなもの、必ずや壊れる陶器のようなものだ。若者も壮年も死ぬときは死ぬ。愚か者も賢人もみんな死ぬ。死者は「来世」に向かうが、身内の者もそれを止めることができない。身内が嘆く中、一人また一人と、屠《と》畜《ちく》場に引かれる牛のように連れ去られてしまう……。

　賢者は死の事実を理解しているから、悲しまない。人の誕生前のことも死後の行き先も見えていないのに、君はいたずらに嘆いている。そんな迷妄を抱えながら泣いたとて、何の利益もない。安らぎは得られず、苦は増し、体はやつれる。君がそんなふうになっても、死者が帰ってきはしない。無駄である。

　だから悟った人の教えを聞いて、悲しむのを止めよ。智慧《ちえ》のある者は、火事を水で消すように、綿を風が吹き飛ばすように、悲しみを消しなさい。煩悩の矢を引き抜きなさい。そうして心の安らぎを得なさい——。

　これがテーラワーダの僧侶が一般民衆に説く死の教えだ。「嘆くのをやめたほうが心理的にも身体的にも利益がある」という思想だが、とてもドライに聞こえる。しかしそれは現代式の唯物論的なドライさではない。ここにある認識は、死者が物理的にも霊的にも消失すると考える「物理主義」ではない。死者が生き続けることに疑いはないのであり、遺族たちが嘆くのは死者との別離のほうなのだ。輪廻を前提とした上で、別離の必然性を善男善女に思い起こさせているのである。

第11章　増殖する地獄界と天界——須弥山世界と『往生要集』

釈迦の時代から地獄は説かれていたし、天界の神々もまた実在するもののように説かれていた。これらを取り込んだ宇宙の見取り図は、時代が下るにつれてますます詳しいものとなってゆき、それが仏教の来世観を複雑にした。ギリシア神話における冥界の複雑化や、一神教における終末観ないし来世観の複雑化と同様のことが起きたわけだ。

完成した仏教の宇宙は「須弥山《しゅみせん》世界」であり、その来世観は地獄、餓鬼、畜生、阿修羅、人、天からなる「六道輪廻」である。

須弥山宇宙の中の輪廻空間

西洋ではすでに紀元前三～二世紀のエラトステネスが大地を球体と推測し、地球の直径を観測値から割り出しているが、こうした方面におけるインドの知性は原始的なままであった。

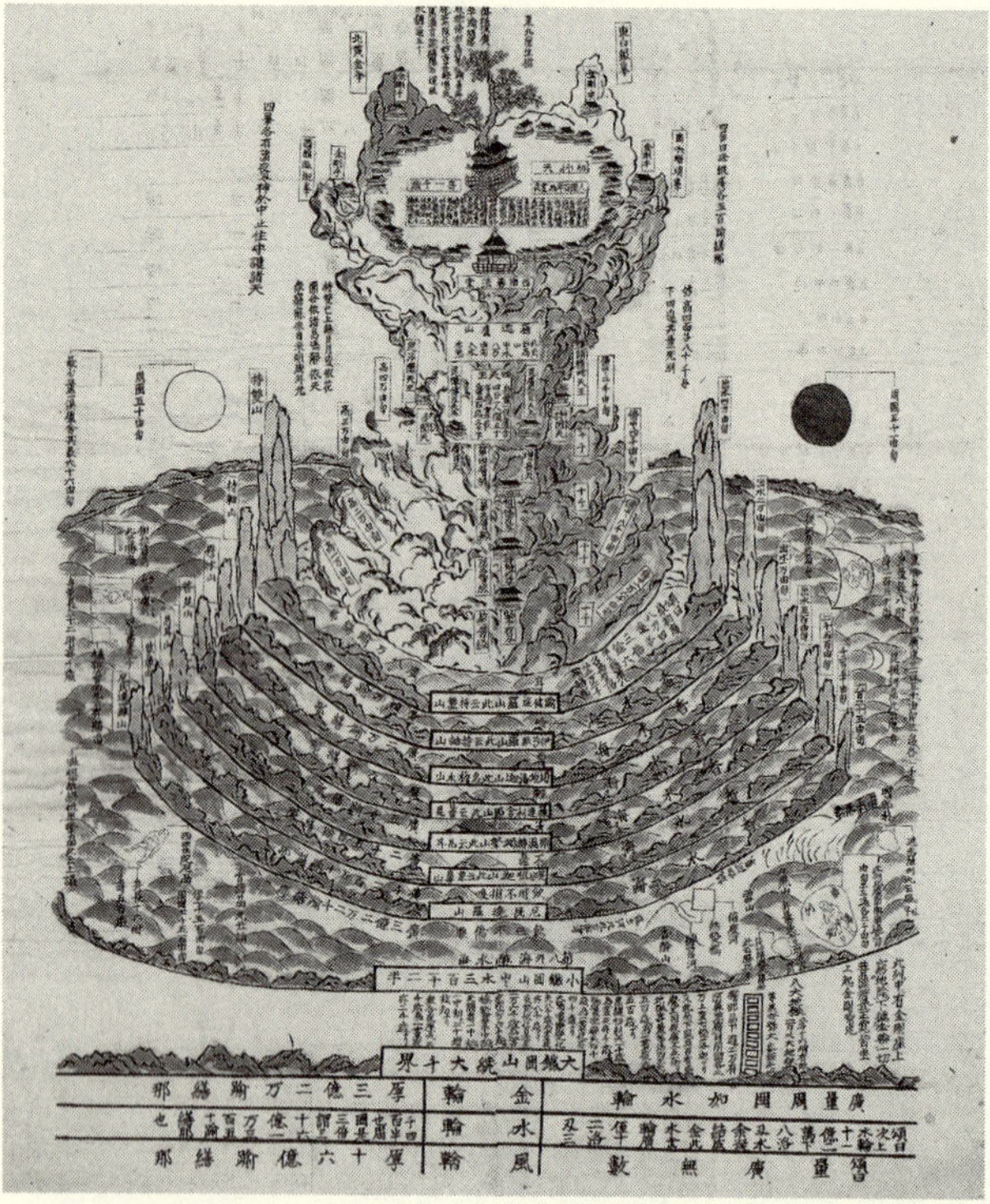

図11－1　須弥山図（下半分）　上半分には須弥山の上空に重なる天界の名称が表形式で書き込まれている。日本幕末（19世紀）

仏教の説く宇宙観では、缶詰の缶のような円筒形をした地塊（地球？）のフラットな上面に大海原が広がっており、その中央に須弥山がそびえ（ヒマラヤから思いついたものだ）、その周辺の海上にある四つの大陸のうち「贍部州《せんぶ》」と呼ばれる南方の三角形の大陸（インドの形に近い）にすべての人類が寝起きしている。

フラットな大地の上空、須弥山の周囲を太陽と月が周回するというこの原始的な宇宙観を、日本で言えば明治の初めまで仏教僧侶は受け入れていた。からくり時計の仕掛けを用いて、日月がくるくる回る須弥山宇宙の模型を組み立てて真実の普及に努めた僧侶もいる。西洋人が克服した二段階の天文学的誤認——①「大地は平らである」、②「太陽も全惑星も大地を中心に廻っている」——を最後まで乗り越えられなかった東洋の伝統においては、東西南北と上下の固定された箱庭的宇宙観を教理の中に取り込んだまま、弥勒菩薩は上方の兜率天《とそつてん》にいるとか、阿弥陀如来《あみだにょらい》は西方の極楽浄土から来迎するとかと唱え続けてきたのである。

もっとも、西洋の宗教信者にも迷妄はあった。彼らはほとんど一九世紀に至るまで、旧約聖書の神話的歴史に書かれたアダムとエバ以来の世代数を計算して、宇宙と地球の年齢をキリストの時点で約四〇〇〇年（二一世紀現在で約六〇〇〇年）と見積もっていた。米国のファンダメンタリストは今でもこの箱庭的な宇宙年齢に愛着を感じており、理科の教科書に書き込もうと躍起になっている。

図11－2　六道輪廻を描くチベット画。最上部より時計回りに天界、人界、餓鬼界、地獄界、畜生界、阿修羅界　年代未詳

さて、地獄界や天界は、須弥山世界内部のローカルな地理的空間である。それはちょうど北欧神話において、ユグドラシルという宇宙樹の周辺に、冥界、酷熱世界や酷寒世界、小人の世界や巨人の世界、そして人界としてのミズガルズ（中つ国）や天界アースガルズ等が配されるのと発想は同じである。仏教宇宙論の完成バージョンでは、須弥山世界のあちこちに三つの相対的に厭わしき空間と三つの相対的に好ましき空間が

配されている。すなわち地獄界（深い地下）、餓鬼界（浅い地下）、畜生界（地表）が厭わしい空間、阿修羅界（海底？）、人界（地表）、天界（須弥山上空）が好ましい空間である。

なぜ六つという数になったのか、論理的理由はない。つまりこの六種の生あるいは空間は、生の諸相を哲学的に分析してカテゴリーとして抽出したものではない。二種の現実的な生の相に、二種の神々の神話と二種の来世神話を足し合わせたものにすぎないのだ。

まず、人と畜生（動物）というのは、現実に存在する二種の生物集団だ。これに神々の神話からデーヴァ（天）とアスラ（阿修羅）という二種の神霊が加わる。ヒンドゥー神話においてデーヴァは良質の神であり、アスラは低級で闘争ばかりしている鬼神だ。ここにさらに古来伝わる来世の神話的な生の様態が加わる。一つは極悪人の成れの果ての地獄の亡者であり、もう一つは零落した祖霊の姿である餓鬼である。というわけで、合計六道と相成った次第である（阿修羅を抜いて五道とする説もある）。

以下では、六道のそれぞれを見ていこう。

地獄界

地獄については釈迦時代以来いろいろに説かれてきた。初期仏典『スッタニパータ』には、前章で紹介したものの他に、体中が出来物に覆われる地獄も登場する。記述法としてとくに興味深いのは、ある人が堕ちた地獄の収監期間の長さがとんでもなく長いということを言うために、ひどく面妖なレトリックを用いているくだりである。

まず、かなりややこしく定義された一つの天文学的な数値を聞き手に想像させる。そして、ある一つの地獄の刑期の長さがその数値よりも大きいことを述べ、次にそれよりも二〇倍も長い刑期をもつ地獄があることを述べ、さらにその地獄よりも二〇倍も長い刑期をもつ地獄があることを述べ、……ということを何度も繰り返して、最終的に出て来るのが、当該の人物の堕ちた地獄の刑期の長さだというのである。

地獄の恐怖を盛り上げるために、順繰りに過酷さが倍増していく複数の空間を数え上げるこうしたレトリックは、「セットになった地獄」の観念をもたらした。『正法念処経《しょうぼうねんじょきょう》』という四～五世紀頃のインドの仏典に書かれている八大地獄ないし八熱地獄は、その最終的完成品である。この地獄セットの中身を一〇世紀末に日本の僧侶源信《げんしん》が『往生要集《おうじょうようしゅう》』の中で紹介し、また絵師たちも各種の「地獄絵」に仕立て上げたので、今日にもよく知られるところとなった。

地獄の空間は八種類であり、いずれも地上の衆生《しゅじょう》の居住空間よりもはるかに広大である。それぞれの名称は地上から地下へ向かって、等活《とうかつ》地獄、黒縄《こくじょう》地獄、衆合《しゅごう》地獄、叫喚《きょうかん》地獄、大叫喚地獄、焦熱《しょうねつ》地獄、大焦熱地獄、無間《むけん》地獄（＝阿鼻《あび》地獄）となっている。刑期はいずれ

図11－3　火責めなど各種の苦痛の待つ地獄のようす　『地獄草紙』（12世紀）

もとんでもなく長いが――一番短い等活地獄で約一・七兆年――、下に行くにつれて年数の桁が上がっていく。最後の無間地獄が、最悪の者が行く最大に過酷で最大に刑期の長い地獄である。

それぞれの地獄と罪状との関係については、次のような設定となっている。まず、罪状には①殺生、②偸盗《ちゅうとう》、③邪淫、④飲酒《おんじゅ》、⑤妄語、⑥邪見（仏教の因果の道理を謗《そし》ること）、⑦犯持戒人（尼僧などを犯すこと）、⑧父母と阿羅漢の殺害（など）の八種がある。そして等活地獄は①だけの罪人を収監する。黒縄地獄は①＋②を犯した罪人を収監する。以下、衆合は①〜③、叫喚は①〜④、大叫喚は①〜⑤、焦熱は①〜⑥、大焦熱は①〜⑦ときて、最悪の無間地獄は①〜⑧の全部の罪を犯した罪人が行く。

何とも妙な設定だ。殺生を犯せば等活地獄で罰を受け、殺生と偸盗の両方をなせば黒縄地獄行きだ。だが、偸盗だけならどうなるのかは不明である。殺したが盗まず、淫行はやるが酒は飲まず、しかし仏教の悪口を言いふらしている者はどうなるのだろうか？

実のところ、これは、論理的記述ではなくレトリカルな描写なのである。罪の種類と地獄の種類の対応関係が話のポイントなのではない。著者の狙いは罪を重ねることの由々しさを聴き手に伝えることである。幾度も幾度も①、②、③……と頭から戒律を数え上げることになるので、教理の暗記に便利ということもある。実に教育的だ。

というわけだから、各地獄における細かな罪状と細かな刑罰の区分も、論理性を伴っていない。どの地獄にも一六個のサブの地獄が付属しており、その描写が長いのだが、分け方にも記述の仕方にも、教理らしい構造性がまるでない。

たとえば、殺生を犯した者の堕ちる等活地獄の場合、副地獄「屎泥処《しでいしょ》」は鹿や鳥を殺した者が行く。「刀輪処《とうりん》」は物を貪り生物を殺した者が、「瓮熟処《おうじゅく》」は生物を殺して煮て食べた者が、「多苦処《たく》」は人を縄で縛る、棒で打つ、遠国に追放する、崖から突き落とす、煙《けむり》責めにする、あるいは子供をみだりに怖がらせるなどを行なった者が、「闇冥処《あんみょう》」は羊の口や鼻を塞いで殺す、あるいは亀を二つの瓦で挟んで圧殺した者が、「不喜処《ふき》」は法螺貝や太鼓で恐ろしい音をたてて鳥獣を殺した者が、「極苦処《ごくく》」は欲望のままに勝手放題に生き物を殺した者が行く。

以上、見て分かるようにかなり恣意的な分類だ。それぞれの罪状に対する刑罰も、糞責め、虫責め、火炙《ひあぶ》り、甕《かめ》で煎るなど、思いつくままに並べてあるだけだ。「数え切れぬ苦しみ」のような手抜きの記述もある。

もちろんこれは源信の落ち度ではない。原典である『正法念処経』を書いた古代インドの学僧の目指したのが法体系を編むことではなく、悪をなすな、戒律を守れという啓蒙にあったからだ（まさかサディズム的な個人的嗜好を満足させることであったとは信じたくないが）。法体系なら、犬猫を殺したらどうなのか、蚊を叩くのはどうなのか、計画殺人と憤怒に任せた殺人の違いはあるのか、正当防衛ならどうなのか、戦争中の殺害はどうなのか、といったことに答えなければならないが、そんな意識は最初からなかったのだ。

そういった便宜性は『往生要集』を書いた源信にも伝わっている。『往生要集』もまた反復的な記述に満ちた各種地獄巡りを続けたあと、最後の阿鼻地獄で、次のように締めている。表現はものものしいが具体的中身はない。

前の七大地獄とそれに付属した特別の地獄とで受けるもろもろの苦しみを合わせて一つとするも、阿鼻地獄の苦しみに較べたなら、わずかに千分の一にすぎない。こうしたことから、阿鼻地獄に堕ちた者は、大焦熱地獄の罪人を見ると、他化自在天の在処を見るように、羨望の思いを禁じ得ない。……

……まだまだ、阿鼻地獄の様相の恐ろしきこと、千分の一も説明していない。なぜなら、億万語を費やすも説き尽くせないからだし、すべてを聴きおおせる人はいないからだ。この何物にも譬えることのできない苦しみを、もし人あってこれを説き、最後まで聴くとしても、そのような人はついには血を噴いて悶死するのがおちであろう。（『源信』、七三〜七四頁）

こういったあたり、ダンテの『神曲』ははるかにずっと体系的であり、用意周到に書かれている（もちろん『神曲』が書かれたのは一四世紀という近代に近い頃であることもある）。『神曲』と『往生要集』は東西の地獄表現としてしばしばセットにして語られるが、論述あるいは文芸としての完成度がまるで違っているので要注意だ。

餓鬼、畜生、阿修羅、人の境遇

地獄に比べて餓鬼道以下の記述は、『正法念処経』でも『往生要集』でもはるかに短い。『往生要集』に従って、それぞれの要点を記していこう。

餓鬼の居場所は地下もしくは空中である。ある餓鬼は巨大な体軀をもち嘔吐物を食おうとあがいている（法外な美食家が堕ちる境遇である）。香の匂いだけで生きる者、説法だけを糧とする者、水を飲もうとして飲めないタンタロスのような境遇にある者、人の供え物をかすめとる者、炎熱の海の島で喘《あえ》いでいる者、墓場の死骸をいくら食っても満腹しない者、樹木の内部に閉じ込められている者、長い頭髪が刀のようになって自らを傷つけている者、自分の脳味噌を喰らっている者、人糞を喰らう者、妨害を受けて食べ物にありつけない者……と、多くは飲食に障害を抱えている者たちであるようだが、完全に飲食のテーマだけで話を一貫させてはいない。

図11－4　路上で用を足す生者と、糞便を喰らわんと待ち構える餓鬼たち　『餓鬼草紙』(11世紀)

畜生は大海から出現したものであるようだが、人や天の領域に進出している。鳥類、獣類、虫類を含み、細かく分ければ三四億もの種類がある。いずれも食物連鎖の中で食い合っている恐ろしくも哀れな者たちだ。どうやら畜生になると何億年も畜生の生の中で生死を繰り返すらしい。

阿修羅もまた二種類あり、上等な者は須弥山の北の海底に暮らし、下等な者は他に分散している。なんだかいつも怯えて暮らすということのようだが、

図11－5　疾風怒濤の内面をかかえる少年のような阿修羅像　興福寺（8世紀）

詳しいことはまるで分からない。起源から言うと、ヒンドゥー教の闘争的な鬼神たちであり、天界のデーヴァたちにつねに歯向かわざるをえない存在だ。

人界は我々のよく知るところだが、源信が読者に勧めるのは、人間の身体が不浄なる臭きもので構成されていること、人生はつねに苦にさらされていること、いかに善行を積んでも衰えるときは衰えることを洞察し、生きているのも嫌だという気持ちにさっさとなるべきことである。

以上、餓鬼であれ、畜生であれ、阿修羅であれ、人であれ、書いてある内容はそれほど差異化されていない。どんなふうに生まれようとも、輪廻を生きることは苦に他ならない。これが終始変わらぬメッセージである。

幾重にも重なる天界

六道にはもう一つ、天界がある。天界は空間的には非常に大きなスペースを占める世界であり、『正法念処経』にはかなり長い記述がある。しかし源信の記述はそっけない。彼はこのヒンドゥー教の神々の世界についてあまり細かく説明するつもりはなかったようだ。天界はこれまでよりもましな世界であるが、源信にとって大事なのは、読者に阿弥陀の極楽浄土への往生を遂げたいと思わしめることなのである。

実際、天界の生活もまた、何かと憂いが多いということが強調されている。たとえば、ヒンドゥー系の英雄神インドラ（帝釈天）の住まう忉利天《とうりてん》であるが、この天の住人である神々は快楽に満ちた暮らしをしているにもかかわらず、やがて老いを迎え、身体や感官の衰えを感じずにはいられなくなる。衰えた者は他の者たちから邪慳《じゃけん》に扱われる。セレブ生活に甘えてきた天人たちの末路もまた哀れなものなのだ。

とはいえ、実際のところ天界は幾重にも重なっており、上位に属する一群の天界は悟りの世界に概念的にかぶっている。このあたりがややこしく、曖昧である。『倶舎論《くしゃろん》』などに説かれる天界の詳しい構造をざっと紹介しよう。諸々の天界は欲界、色界、無色界の三つのカテゴリーに分けられる。（なお、漢訳仏典では、神そのものも神の住む空間もともに「～天」と訳して済ましている。帝釈天は神の名であり、兜率天は空間の名称だ。非常に紛らわしい。）

【欲界】人間や畜生から地獄の亡者までの大地の住人たちは欲界（欲のある世界）に住んでいるが、低レベルの神々もそうである。そうした神々の住まう天界は次の通り。

須弥山の中腹というかテラス状の空間は、①四大王衆天《しだいおうしゅてん》と呼ばれる。東西南北それぞれの面に、持国天《じこくてん》、広目《こうもく》天、増長《ぞうちょう》天、多聞《たもん》天（＝毘沙門天）という四種の神々すなわち四天王とその眷属《けんぞく》が住まっている。須弥山の台地上の頂上は②三十三天（＝忉利天）と呼ばれ、帝釈天（インドラ神）が住まっている。須弥山の上空にさらに四つの天が重なっており、下から③夜摩天《やまてん》、④覩史多《とした》天（＝兜率天）、⑤楽変化《らくへんげ》天、⑥他化自在《たけじざい》天と呼ばれる。これら合計六種の天界に住まう神々は、人間と同様に欲望を逃れられない存在である。それゆえこれらをセットにして「六欲天」とも呼ぶ。

【色界】欲界の諸天の上には、色界というカテゴリーに属する各種の天が重なっている。下から梵衆天《ぼんしゅてん》、梵輔《ぼんぽ》天、大梵天（以上「初禅」に属する）、少光天、無量光天、極光浄《ごくこうじょう》天（以上、「二禅」に属する）、少浄天、無量浄天、遍浄天（以上「三禅」に属する）、無雲天、福生天、広《こう》果《が》天、無煩天、無熱天、善現天、善見《ぜんけん》天、色究竟《しきくぎょう》天（以上「四禅」に属する）となっている。

このうち初禅にある者は欲を離れているが物事を考えて心を煩わすだけの精神作用をもっており、二禅にある者は考えることをも卒業した境地にあり、三禅にある者は通常の喜びを超えた平静なる喜びを得ており、四禅にある者はもう喜びなどを超えてしまった境地に達している。いちおう神としての身体を具えたまま、精神作用はここまで浄化されてしまっているのだ。もちろん我々凡人にとってはこれらがどんな境地であるのか、分かりようもない。

【無色界】色界より上の境地として、無色界というカテゴリーがあり、天界空間として重なっている。下から空無辺処《くうむへんじょ》、識無辺処、無所有処《むしょう》、非想非非想処の四種が区別されている。これらは身体を含む事物としての形を超えてしまった何ものかだ。身体的ではないということは空間的ではないということで、これらを天の一種と考えるのは論理的には無理がありそうだ。てっぺんの境地である非想非非想処は有頂天とも呼ばれる。

想うでもなく想わないでもない非想非非想処は、実は出家したばかりの頃の釈迦を指導した修行者——釈迦の師匠——の到達した境地であった。釈迦自身はこのステージをも超えてしまって、いっそう意味不明な涅槃の境地に達しているのである。

天界の描写は、ある意味で地獄の描写とパラレルである。地獄に関してはとにかくひどい目にあうということを強調したくて、反復表現を過剰に用いていた。天界に関してはそれが世俗性を離れているということを強調すべく、屋上屋を架するが如き記述を重ねている。

しかし、地獄を詳しく描くのは仏教の布教的使命に適《かな》うのに対し、天界を詳しく描くと、それと仏教の悟りの境地との違いが読者には分からなくなる。結局、地獄ほどには天界のイメージは世に流布しなかった。先ほども述べたように、『往生要集』は天界の詳しい描写を避けている。さらに源信は、最高位の非想非非想処まで行ったとしても次には阿鼻地獄に堕ちてしまうかもしれない、などと怖いことを言って読者を戒めずにはいられなかった。

仮初の監獄と孤独な囚人たち

古代社会は災害、戦争、疫病につねにさらされ、階級差は大きく、労働も厳しかった。だから人々の世界観は、真剣に追究するとなると暗いものにならざるをえなかったようだ。一神教世界では世界の終末と神のユートピアの実現が希求され、インドの精神的エリートたちは生のバリエーションを尽くした輪廻の世界そのものを厭わしいものと捉えた。

両者には大きな違いもある。インドの宇宙論では、輪廻空間を構成する地獄、餓鬼、畜生、阿修羅、人、天の各空間は須弥山世界の中のあれこれの監獄のようなものであり、生（人生）とはそれらの監獄を（無常を噛みしめながら）孤独に渡り歩くようなものとなる。監獄の収監者どうしには基本的に運命の連帯の意識はなく、苦界であるこの世そのものを人為的にユートピアに改善しようという発想は育ちにくかった。

ヒンドゥー教徒は近代になるまでカースト制度を廃止しようとは思わなかった。大乗仏教の広まった漢字文化圏では、社会を秩序あるものにすべく種々の教えを放ったのはむしろ儀礼主義的な儒教のほうであった。

第12章　聖域としての浄土——念仏往生と各種の方便

源信の『往生要集』は、恐ろしい地獄や餓鬼の世界とは対照的なものとして阿弥陀如来の極楽を提示し、このユートピア世界への生まれ変わり（往生）の願望を凡夫たちに目覚めさせることを狙いとして書かれたものである。一神教世界において「天国と地獄」が対句表現であるように、日本語においても「地獄極楽」と二つをセットにして語るようになった。しかし、六道輪廻の中には極楽や浄土というカテゴリーはない。もともと浄土なるものは須弥山宇宙論とは別次元の発想から生まれたものであった。

浄土の起源

仏教は（ヒンドゥー系の）神々の力を頼らない自力の修行の宗教として出発した。仏教の解釈では、釈迦の見つけた真理は、現世で生きる人間のみならず、畜生にとっても、地獄の

図12－1　極楽の池の蓮華の上に死者たちが往生する
当麻曼荼羅（18世紀）

亡者や餓鬼にとっても、天界の神々や阿修羅にとっても真理である。全衆生が釈迦の真理に服するのである。とはいえ、この真理を悟るための修行を実践できる者の数は実質的に限られている。そういう意味では、原始仏教の救済の間口は狭かった。

しかし、西方のローマ帝国でキリスト教が生まれようとする西暦紀元前後までには、インド世界でも、民衆全体に救済の手を差し伸べようとする機運が高まっていたようだ。仏教からは救済力の優れた「大きな乗り物」を称する大乗仏教が派生した。

多神教的なその神話体系によれば、宇宙中に神話的なブッダが無数におり、神のような慈愛の目を衆生に向けている。ブッダに準ずる菩薩という聖者も無数にいて、凡夫たちを救いの道に引き上げようと頑張っている。諸仏諸菩薩への信仰自体が、自力の修行と並ぶ救いの道とされるようになったのである。

諸仏諸菩薩その他の代表的救済者たちの顔ぶれは次の通りである。

ブッダ（仏陀、仏、ほとけ）としては、開祖・釈迦牟尼（シャーキャムニ）如来の他、東方の遠い宇宙に住まう阿閦《あしゅく》（アクショーブヤ）如来や、やはり東方の薬師（バイシャジャグル）如来、逆に西のほうに住まう阿弥陀（アミターバないしアミターユス）如来といった存在が出現した（ちなみに「如来」もまたブッダと同格の称号である）。

ブッダに準ずる菩薩としては、知恵で知られる文殊《もんじゅ》（マンジュシュリー）菩薩や、遠い未

図12－2　スピーディに死者を迎えに来る阿弥陀と菩薩たち（早来迎）　阿弥陀二十五菩薩来迎図（14世紀）

来にブッダになるべく天界で待機している弥勒《みろく》（マイトレーヤ）菩薩、さまざまな姿に変身して人々を苦難から救おうと構えている観音（アヴァローキテーシュヴァラ）菩薩、地獄の亡者をも救う救済力を備えた地蔵（クシティガルバ）菩薩などの人気が高い。

諸仏諸菩薩は、悟りの力によって周囲を感化し続けているのみならず、自らの周囲の空間を「浄土」というピュアな空間に変えているとされた。修行を行なうゆとりのない凡夫には、諸仏諸菩薩の慈悲に頼ることで各種の浄土に往生し（死後に移動し）、来世に修行を持ち越すという救済ルートが開かれた。これは仏教の伝統の中に生まれた一種のユートピア信仰であった。

具体的なユートピアとしては次のようなものがある。

阿閦如来の浄土は妙喜（アビラティ）、阿弥陀如来の浄土は極楽（スカーヴァティ）、薬師如来の浄土は浄瑠璃（ヴァイドゥールヤ）と呼ばれる。観音菩薩の浄土は補陀落《ふだらく》（ポータラカ）である（チベットのラサにあるダライ・ラマのお寺ポタラ宮の名はこれにちなむ）。弥勒菩薩は天界の一つ兜率天（トゥシタ）そのものが浄土だ。

我が釈迦牟尼如来は娑婆《しゃば》（サハー）世界を担当するブッダであるが、残念なことに娑婆には地獄や餓鬼や畜生といった輪廻の可能性があるので、ここは浄土とは呼ばれない。あくまで穢土《えど》だ。それは釈迦の徳が足りないからではなく、むしろこんな穢れた国土に出現して、泥中の蓮のごとくに花を咲かせ、衆生の希望の星となったのが釈迦なのだ。それだけ志が高いのである。

阿弥陀仏を念ずる

さて、釈迦の教えは娑婆世界に脈々と伝わっているものの、肝心の釈迦自身は涅槃入りしてしまったため、修行ではなく直接の救済を求める者は他世界のブッダの浄土に引き入れてもらうしかないのではあるまいか？　古代においてそういう思考が沸き起こった。

中でも人気を集めたのは阿弥陀如来の営む西方の極楽浄土であった。新たに創作された神話によれば、釈迦は生前から信者たちに、阿弥陀の極楽を心の中に観じて往生することを勧

図12－3　右の釈迦が送り出し、左の阿弥陀が迎える。信者の進む中央の白い道の左右には水と火の危難が待ち構える　絹本著色二河白道図（鎌倉時代）

めている。さらに、阿弥陀は自らが菩薩であった時代に、往生を願う者たちをことごとく救済することを誓ったとも書かれている。一般に仏教神話では、菩薩が誓うとやがて実現されることになっている。阿弥陀の約束は絶対に信頼できるのだ。

　こうしたことを説いた一連の経典が、『無量寿経《むりょうじゅきょう》』『観無量寿経』および『阿弥陀経』である。合わせて「浄土三部経」と称される。

　インドで始まったオリジナルの極楽浄土信仰では、阿弥陀や阿弥陀の浄土を心の中に思い描くというやり方を救済方法としていた。仏を念ずるので念仏と言うが、仏のイメージを心に思い描こうとしているので観仏《かんぶつ》とも言う。他方、東アジアでは言葉を唱える念仏（口称念仏）が一般的となった。「南無阿弥陀仏（私は阿弥陀仏に帰依します）」という呪文のような言葉が、阿弥陀の救いを決定づけるのである。

オリジナルの信仰では、浄土に行ったのちも修行を続けることになるが、我々凡夫としては、当面のところ浄土への往生を目標とするだけで手いっぱいである。往生と解脱ないし成仏との違いは、救いを求める者にとってはどうでもよかったかもしれない。

ところで、古代神話の権威に無条件的に服することが難しくなった現代人にとっては、阿弥陀の存在であれ、極楽の存在であれ、これが物理的な意味でリアルな話であるのか、あくまでも心理的な便法あるいは言語的なレトリックであるのかがどうしても気になるだろう。昔の信者は阿弥陀も極楽も物理的な実在だと信じていたのであろうが、以下に紹介する古代の救済の手法は、心の中に極楽や阿弥陀の様子を思い浮かべるという訓練である。今風に言えばイメージトレーニングである。そしてイメージトレーニングであるならば、それはやはり主観の問題であり、極楽や阿弥陀の物理的実在性は否定されるのではあるまいか？　そう懐疑的な現代人は考えざるをえない。

宗教的存在は心理的幻想なのか物理的実体なのか、どこまで行っても突き止められない。このことは一神教の神や天国などの場合にも言えることである。

救済のイメージトレーニング

阿閦如来の妙喜世界はなぜか東方にあることになっており、阿弥陀如来の極楽世界はなぜか西方にあることになっている。方角の割り振りは偶発的かもしれない。しかし浄土を西方に割り振られた阿弥陀の信仰が他の信仰を圧倒的に凌駕するようになった。経典は西方に太陽が没するときにそれを観ずるのを観仏の出発点としているので、これが人気に影響を与えたのであろうか？ 古代ギリシアのエーリュシオンもエジプトの冥土も西方にあったようだが、これもまた偶然かどうか分からない。

『観無量寿経』には二種の観仏テクニックが書かれている。

【瞑想のプロ向け】 次の「イメージトレーニング」を順次こなしていく。

日想観《にっそうかん》……西に向かって正座し、日没を心に刻み付ける。
水想観《すいそう》……水を見つめ、大地が宝石で煌《きら》めくさまを思い浮かべる。
地想観《じそう》……極楽の大地のディテールを思い浮かべる。
樹想観《じゅそう》……極楽の宝樹とその花や果実のさまを思い浮かべる。
宝池観《ほうち》……宝石でできた池の水の流れを思い浮かべる。
宝楼観《ほうろう》……宝石でできた無数の楼閣を思い浮かべる。

華座観《けざ》……宝石でできた大地の上の蓮華を思い浮かべる。

像想観《ぞうそう》……蓮華上の仏と二体の菩薩が無数に見える光景を思い浮かべる。

真身観《しんしん》……それらの奥にある阿弥陀の姿を思い浮かべる。

観音観《かんのん》……そして観音菩薩の姿を思い浮かべる。

勢至観《せいし》……さらに勢至菩薩の姿を思い浮かべる。

普観《ふかん》……自らが極楽に生まれ、蓮華の中から虚空を満たす諸仏諸菩薩を眺めているさまを思い浮かべる。

自在身観《じざいしん》…自在な変身力をもつ阿弥陀と二体の菩薩の様子を思い浮かべる。


かくして心の中に極楽と阿弥陀の光景が組み上げられる。いわば救済の空間を自ら想像することで自らを救済するのである。

【一般人向け】綺麗な情景をまじまじと思い浮かべることができない一般人は、地上のさまざまな人間が救済されていく姿を思い浮かべるほうが容易かもしれない。

人間は大きく三カテゴリーに分けられる。上品《じょうぼん》（最上の美徳を具えている人々）、中品《ちゅうぼん》（道徳的にまっとうな人々）、下品《げぼん》（悪を犯したことのある人々）の三つである。そのそれぞれが上生《じょうしょう》、中生《ちゅうしょう》、下生《げしょう》のサブカテゴリーに分けられるので、合計九種類の人間がいることになる。

それぞれの具体的なさまについては長くなるので記載を省く。最下位の「下品下生」だけ説明すると、これは母殺し、父殺し、仏弟子殺害、仏への傷害、教団分裂扇動という五逆の大罪まで犯した者たちだ。

いずれのカテゴリーの者たちも（最悪の下品下生でも）、臨終に際して阿弥陀の名を唱えるならば、阿弥陀は救ってくれる。このことをよくよく念ずるならば、あなたもまた、救済されるだろう。

極楽浄土の情景

救済先である理想郷、極楽とは、どのような空間であるのか？

何度も述べるように、極楽は西方にある。夕焼け空の彼方だが、実際にはとんでもない遠方、天文学的数字というのを優に飛び越えた遠距離にある世界、いわば我がギャラクシーとは別の銀河系の完全な異空間としての太陽系だ。距離については、漢訳で「十万億土」と表記される数の仏国土を通り過ぎた距離とされている。ただし「十万億」がどんな数値なのか、通り過ぎなければならない仏国土の直径がどのくらいあるのかまったく不明なので、この距離表現は結局まったく意味をなさない。仏典に出てくる巨大な数値はいつもそうで、巨大であるとかはるか遠方であるとか遠い遠い未来であるという以上のことは分からないのである。

極楽世界の内部はどうなっているのだろう？　はっきり言えるのは、それは平等院鳳凰堂などの日本式庭園とは非常に異なったものであり、もっと幾何学的に設計された、材質的にも各種の宝石でできた硬質なる空間だということである。池があるが、土を掘った心字池のようなものではなく、ヒンドゥー寺院にあるような、四方に階段を具えた真四角の沐浴用プールである。材質もキラキラした宝石でできている。池には蓮が咲いているが、どの蓮も極彩色であって決してほのやかなものではない。空間にはBGMのように神秘の音楽が流れ、日に何度も神秘的な花が雨のように降る。白鳥、孔雀、鸚鵡《おうむ》、迦陵頻伽《かりょうびんが》、共命鳥《ぐみょうちょう》といった鳥が棲息しているが、これらは「畜生」ではなく、バーチャルな幻影である。極楽には畜生はいない。地獄の亡者も餓鬼も阿修羅もいないのである。

極楽に往生した者たちは、修行者として早起きしてすぐに托鉢《たくはつ》に出かける。ものすごいテレポート力をもっているらしく、「百千億」という数の世界のブッダたちを一度に礼拝する。そんなシュールな暮らしを続けながら解脱を目指すのである。

なお、極楽のインド原名スカーヴァティは「幸いあるところ」を意味する。これを経営している阿弥陀如来の原名は、アミターユス（無限の寿命、無量寿）もしくはアミターバ（無限の光、無量光）である。両方の呼び名の共通部分を漢字で書いて、「阿弥陀」と漢訳されているのである。

源信の実践法

『往生要集』で地獄の恐ろしさを説き、極楽への希求を人々の間に呼び覚まそうとした源信は、人に説教するだけではなく、自らも極楽往生のための準備を整えようと頑張った。先述のイメージトレーニングをするのではなく、口称念仏に専心するのだ。「二十五三昧衆」という二五名のメンバーからなる往生のためのクラブをつくって、互いに励まし合って念仏を唱えたのである。

源信撰述の『横川首楞厳院《よかわしゅりょうごんいん》二十五三昧起請《ざんまいきしょう》』の書くところでは、グループは毎月一五日に集まって一晩中念仏を唱える。この習慣を自分の寿命が来るまで守る。念仏三昧という「善根の積み重ね」によって救済を確実にしようというのである。

経典によれば、臨終の際までに念仏を唱えることができれば往生は間違いないようなのだが、イザというときはいつ来るか分からないから、日頃から念仏が口をついて出てくる練習をしておく必要がある。イスラム教徒であれば毎日五回の礼拝を続けているので、イザという瞬間に「アッラーフアクバル（アッラーは偉大なり）」は自然に口をついて出てくるはずだ。イスラム神秘主義では「ラーイラーハ（神はなし）」と唱え、また「イッラッラー（アッラーの他に）」と唱えることで神に接近しようとする。単調に繰り返される聖句は人間の脳に特別な心的状態を生み出すようだ。ヒンドゥー教にも「ナマシヴァーヤ（シヴァ神に帰依します）」のような無数の種類の瞑想的呪文（マントラ）がある。それらと同様のことを「ナムアミダブツ（阿弥陀仏に帰依します）」をもって源信は——そして現代の浄土各宗の信徒も——やろうとしているのである。

源信が仲間とともに取り決めた具体的項目は、以下の通りである。

毎月一五日の夜中の一二時間（夜の七時相当から朝の七時相当まで）念仏を唱えること。その日の昼には法華経を講ずること。交替で仏前に灯明を献じること。念仏を唱えたあとに光明真言（密教の呪文）で土砂を浄めること（この土砂は死者の埋葬に用いる）。参加者どうし親兄弟のように親しくすること。参加者は体も言葉も意識も清らかでいること。仲間が病気になったら「往生院」を設けてそこに住まわせ、交替で看病すること。墓所に卒塔婆を置き「安養廟」と呼ぶこと。葬儀にはみなで念仏を唱えること。約束が守れない者は仲間から外すこと……。

念仏至上主義

源信の頃は、浄土信仰は法華経の信仰や密教の実践などと並ぶ一つの修行法であり、どの修行法を併用しても構わないのであった。いずれにせよ、仲間をつのって念仏三昧で暮らすというのも、ふだんから読経に慣れている者の行なうことで、たぶん、畑仕事などに忙しい一般民衆には真似のできないプロっぽいふるまいであったと思われる。

その後、「修行一般」の中からある者は極楽往生のための念仏のみに注目し、ある者は法華経信仰のみに専心し、ある者はもっぱら坐禅に打ち込むという「選び取り」の時代がやって来た。

念仏すなわち浄土信仰に関しては、一三世紀頃に活躍した法然《ほうねん》、親鸞《しんらん》、一遍《いっぺん》の名がよく知られている。

法然は、一般民衆には念仏しか救われる手立てがないとして、他を切り捨てる方向に進んだ。戦乱や災害の続く世で生活するだけで手いっぱいの庶民にとっては、「念仏のみ」かつ「念仏こそ」の方針は大いに有難いものであった。

法然の弟子である親鸞は、自らの努力や美徳によって救いを獲得するという考えを徹底して排除した。自己の所行に意味を見出しているようでは、悟りはまだまだ遠いからだ。彼は信心を得るという恩寵を得たときにはすでに往生は確定していると考え（「唯信鈔文意《ゆいしんしょうもんい》」）、さらにそのときには成仏したも同然と考えていたように思われる（「浄土和讃」九四）。

一遍は、念仏を信じていなくても救済は可能とし、信仰のない者たちにも念仏のお札を配った。つまり、一〇〇〇年以上の長い歴史の中で積み上げられた複雑な理論や修行法の重荷をすべて排除し、阿弥陀という絶対者の他力の恩寵を最大限に強調したのである。

浄土真宗中興の祖とされる一五世紀の蓮如《れんにょ》は「白骨の御文《おふみ》」の中で次のように説いている。人生は儚い。一生は幻のようなものだ。朝にはピンピンしていた若者も夕方には白骨になっている。親族が集まって嘆いたところでどうしようもない。最後は煙と骨になるのだ。若者も年寄りもこの点では同じである。だからみんな、来世のことを思って阿弥陀仏に帰依して念仏すべきなのだ。

死が速やかになってくるから仏道に励めと誘っているのは、第10章で見た『スッタニパータ』の「矢の教え」以来の伝統だ。テーラワーダであれば、だから嘆くのをやめて、無常の道理を受け入れなさい、とつながるが、浄土信仰では、だから往生のために念仏しなさい、とつながる。

全体のトーンからも分かるように、基本的メッセージはやはり朝に紅顔ありて夕べには白骨となるという諸行無常の道理の認識だ。浄土信仰のことを「楽園信仰」「ユートピア信仰」と呼んでしまうと、妙にはしゃいだ調子になって、ニュアンス的に勘違いしてしまうかもしれない。基本のトーンは苦、無常、無我の受容であることに変わりはないのだ。

法華信仰

大乗仏教は、多様な信仰オプションを具えた多神教型の宗教である。阿弥陀の信仰はそうした信仰オプションの一つであり、法華経の説く久遠の釈迦の信仰はまた別の信仰オプションであった。

法華経の説くところによれば、紀元前五世紀の人間である開祖・釈迦の姿は、ただ地上における限定的なものにすぎない。釈迦の本体は、久遠の過去から久遠の未来まで存続し続ける宇宙的なブッダである。この久遠の釈迦がつねに存在しているのだから、いつの時代の信者も、この釈迦を信仰することで救済が得られる（他世界のブッダを頼りとする必要はない）。たとえ世界が劫火《ごうか》に燃えているときにも、信者の心には釈迦が説法している楽園（霊山《りょうぜん》浄土）が見えるはずだ（『法華経』「如来寿量品《ほん》」）。法華信仰の場合は、来世における他世界の楽園への往生を願うのではなく、来世を含めて釈迦の救済力の現存を信じることが救済となっている。

ちなみに、法華経の中で釈迦は、家出息子が父に温かく迎えられるという内容の寓話（「長者窮子《ちょうじゃぐうじ》」の譬喩《ひゆ》）を説いている。この寓話と、ルカ福音書にある放蕩息子が父に温かく迎えられるというイエスのたとえばなしとの類似性がしばしば指摘されている。どちらも「父」は救済者としての仏や神を意味している。ほぼ同時期に記録された二つの物語は、相互に関係があるのかもしれない。どちらも救済の間口を広げようという意図をもった寓話である。

大乗の信者にとっても、キリストの信者にとっても、救済者が現在不在であることが大問題であった（釈迦は涅槃入りし、キリストは昇天した）。そこで法華経では、救済者の不在を、子供が自発的に良薬を飲むようにするためにあえて家を離れた医師である親の寓話（「良医《ろうい》狂子《おうじ》」の譬喩）で説明した。キリスト信仰においては、信者はキリスト代わりの聖霊に導かれつつ、キリストが再臨するのを待ち続けることになった。

キリスト教は数世紀かけて教理を練り上げ、複雑なディテールからなる救済のシステムとして成長したが、インドの大乗仏教も、あるいは空《くう》を説き（般若《はんにゃ》教典）、あるいは他世界の救済者を説き（浄土信仰）、あるいは釈迦の永遠性を説く（法華信仰）など、多様な教理を分岐させた。そして五世紀以降には「密教」という、呪術的な現世利益から瞑想修行による悟りまで幅をもつ総合的な救済システムとなったのである。

それらは中国を経由して漢訳されまた理論的改変を受けた上で、日本に伝わり、法華（天台宗と日蓮宗）、密教（真言宗と天台宗）、浄土（浄土宗と浄土真宗など）の三つのタイプとなった。さらにこれに中国的色彩を強く帯びた修行的伝統としての禅（臨済宗と曹洞宗など）を加えて、だいたいこの四タイプが日本の主流の宗派となって今日に及んでいる。

来世観としては、輪廻転生と往生思想の二重構造となっている。しかし、東アジアでは輪廻にせよ往生にせよ、インドほど文字通りに受け取らず、信仰に生きる今・現在における心の救いを強調するようになった。あるいはインド本来のものとは違う家族信仰的な浄土における死者の供養、先祖供養の色彩を濃くしていった。このあたりのことについてはＰＡＲＴⅣで扱うことにしよう。

PART Ⅳ

古典的大宗教の周辺《パラ》と以後《ポスト》——来世観から死生観へ

PARTⅡとPARTⅢでは一神教とインド発の輪廻宗教の来世観を見てきた。いずれも死を生の倫理的反省の契機と見なしており、概して壮大な来世観（終末観や転生観）を構築しているのであった。PARTⅣでは、こうした来世観を受容しつつ拒絶もしてきた東アジアの様子と、古典的大宗教の権威が衰えた近現代先進諸国における展開を見ていく。

第13章では儒教や道教・仏教がセットをなす中国の様子を、第14章では神道来世観の近世における展開を、第15章ではキリスト教以後の欧米の心霊主義やオカルト系の展開を、第16章では現代の欧米や日本の死生観言説を取り上げる。

第13章　祖先祭祀と不老不死——儒教と道教の来世観

中国文化の影響圏では、仏教の他、儒教と道教が奉じられている。世界の他の地域と違い、東アジアにはこうした宗教の重なりがあるので、信仰の実態が分かりにくい。本章ではまず、中国固有の宗教である儒教と道教の来世観・死生観（祖先祭祀や不老不死願望）と、外来の仏教の輪廻観との交錯の様子を見ていくことにしよう。

儒教の祖先祭祀

東アジア社会の少なくとも公的秩序の側面において一番影響力を発揮したのは儒教なのだが、これは人生訓や礼儀作法、政治的イデオロギーに傾いた伝統であり、あまり宗教という感じがしない。開祖とされる孔子の言行録『論語』を開いても、神霊の話も奇跡の話も死後の世界の話も出てこない。

しかし、古代において、儒とは招魂の呪術的な儀礼を行なうシャーマンのことなのであった。人間のタマシイは精神側の「魂《こん》」と肉体側の「魄《はく》」に分かれ、死とはこの二つが分離した状態と考える。儒たちは死者の命日に魂と魄を合体させ、生の状態に戻すのである。

中国人の宗教的世界観の基本は、先祖から子孫までの長い血縁的な系譜を守ることだ。祖先や死者を祀り、親に孝行を尽くし、子孫を殖《ふ》やして彼らから自分が祀られるのを期待するというのが根本的一大事だ。この祖先祭祀的伝統を前提に、儀礼や日常生活における立ち居振る舞いを倫理化したのが孔子の儒学であった。

だから狭義では人生訓のように見える儒教も、広義では祖先祭祀型の宗教なのである。

孔子の不可知論

孔子（紀元前六〜五世紀）は人倫のあり方を模索したが、死者がどこでどうしているかについては不可知論的な立場であった。『論語』の中で孔子は、神霊や死後やオカルトめいたものについてはノータッチであると宣言している。

季路《きろ》、鬼神に事《つか》えんことを問う。子曰く、未だ人に事うる能《あた》わず、焉《いずく》んぞ能《よ》く鬼に事えん。曰く、敢えて死を問う。曰く、未だ生を知らず、焉んぞ死を知らん。（先進第十一・

（一二）

季路は弟子の子路《しろ》。あるとき彼が死者（鬼神）の霊にどうやってお仕えしたらいいかと孔子に尋ねた。師は「生きている人間にだって十分に仕えていないのに、死者に仕えるなどできるものか」と答えた。子路は食い下がって「死って何ですか？」と尋ねた。師は「生のことだってよく分からないのに、死のことなど分かるものか！」と突っぱねた。

孔子は「怪・力・乱・神」を語らなかったとも伝えられている（述而第七：二〇）。怪異、暴力、乱逆、鬼神のことを語らなかった——要するに現世秩序に暴力的に介入するオカルトな現象について分かりもしないことを言ってみせたりしなかった。死後の世界についても、神霊方面一般に関しても、孔子は古代ローマのエピクロス派やストア派のように禁欲的であったようだ。

孔子にとって先祖に対する崇敬は、あくまでも現世の人間にとっての「物事の権威づけ」に関する事柄であり、死者そのものへの関心ではなかった。

おそらくこれは、イスラエル人が先祖伝来の生活規範である律法にこだわる一方で、先祖の向かっていったシェオール（陰府）については長らく無関心であったというのに通ずるものであるだろう。さらに言えば、一神教の信者が神の権威、その慈悲や怒りについて語りながら、神が天上界でどんなふうに「暮らして」いるかなどと問うことをむしろ子供っぽい疑問と考えていることにも通ずるかもしれない。先祖も律法も神も、その本質は、（死後ではなく）現世の現実社会にとっての権威である。

祭祀のポイントが現世の儀礼的秩序にあるという孔子の思考法に関しては、「祭るに在《いま》すが如くし、神を祭るに神在すが如くす」（八佾《はちいつ》第三：一二）という言葉も注目される。孔子は祖先を祀るときには祖先がいるかのように振る舞い、神々を祭るときは神々がいるかのように振る舞った。これは儀礼というものをいかに行なうべきかについての訓戒であろうが、祖先や神の実在性には関心がないというふうにも読める。

また、孝とは何かと問われて、儀礼を違《たが》えずに行なうことだと答えたとも伝えられる。親が生きている間は礼に従って親に仕え、親が亡くなったら礼に従って葬儀を行ない、その後は礼に従って祭祀を続けるのだと（為政第二：五）。

『論語』には孔子の死についての記録がない。和辻哲郎は、弟子たちが師の（おそらくは平凡な）死のプロセスそのものに記載価値を認めなかったと考え、そこに人生の規範をめぐる思想としての儒教の特徴を見ている。

道教の「生への執着」

儒教が祖先祭祀と儀礼的倫理をめぐるパブリックな権威ある伝統となったのに対し、神仙をめぐるファンタジー、自然界の「気」のパワーの信仰、不老長寿を目指して金丹《きんたん》を練ったり健康法に気を使ったりする呪術的実践といったものはひとまとめに道教のカテゴリーに放り込まれるようになった。

開祖は老子とされ、太上老君《たいじょうろうくん》という神様にもなった。ただし、老子は仮に実在だとしてもかなり伝説めいた存在であり、この人物が歴史上の道教の諸教団を文字通り生み出したわけではない。老子や荘子のいわゆる老荘思想が、孔子や孟子の堅苦しい儒学とは対極にあるカウンターカルチャーとして認識されることで、儒教の対極に置かれた道教なるものの開祖の位置に祭り上げられたのであろう。

道教的伝統が死をどう考えていたかというと、基本的には曖昧で、時代的変遷がある。まず、悪行は寿命を縮めるものであった。これは旧約聖書を含む古代中東の死生観にも似ている。だいたい原始社会ではそういうふうに考えるものだったのだろう。

四世紀に葛洪《かっこう》の著した『抱朴子《ほうぼくし》』の告げるところでは、人の寿命には生まれながらにして個人差があるが、悪事をなせばそれだけ縮んでしまう。司命《しめい》という運命を司る星の神が上空から観察して、個人個人の人生の長さをコントロールしているのだ。大きな悪事なら何年も縮み、小さな悪事なら何日かぶんだけ縮む。逆に善行に励めば寿命は加算される。三〇〇の

図13－1　地獄の官僚である閻魔王が死者を審判する　金処士「十王図」より（12世紀）

善をなせば仙人のようになり、それが一二〇〇に達すれば昇天して不老不死になる（巻三）。

悪行の懺悔《ざんげ》が身を救うという説もあった。病気になり薬や鍼《はり》や灸《きゅう》でも駄目だったとしても、お札《ふだ》を服用して（灰にして呑む？）罪を懺悔すれば赦されるというのである。五斗米道や太平道などの古代の道教教団ではこのように説いていたらしい。

中国には五岳《ごがく》と呼ばれる東西南北中央の五つの霊山があるが、そのうち東の泰山《たいざん》が古来人間の向から死後の世界とされていた。死と悪行とは観念的に結びついていたので、三世紀頃には泰山には地下の牢獄すなわち「地獄」があるということになった。ただし、地獄ビジョンの形成には、西方からやってきた仏教の影響もあるらしい。隋《ずい》代には、死後の運命を天道、人道、地獄道、畜生道、餓鬼道と分けて説くことも行なわれたが、これはもちろん仏教の転生カテゴリーの借用である。

他方、中国的世界観の特徴でもある大々的な官僚制が、死後世界にも反映されていく。『抱朴子』には死者の空間としての「羅酆《らほう》」なるものが言及されており、後世の文献はこれを北方の山中の洞穴にある複合的宮殿空間として描くようになった。

死者はまず第一宮で生前の罪状を審判される。そのあと事故などの死者は第二宮で、賢者や聖人は第三宮で審理される。他に三つの宮があり、何らかの役所的手続きがなされるらしい。羅酆を管理統括する神様である酆都大帝《ほうとたいてい》が裁判官席に着座してデスク上の巻物を開きながら亡者を審理している様子を描いた絵を見ると、後世の閻魔大王など地獄の十王の裁判の様子と――冠などの形態は違うが――よく似ている。羅酆思想は仏教の影響なしで成立したらしいが、死後の世界のお役所手続き化のビジョンは、逆に明らかに中国仏教に影響を与えることになった。仏教と道教が混交した地獄の十王思想については、あとでもう一度触れる。

不老長寿は東洋の錬金術？

なお、冥界系の神話が地獄化していく中で、ギリシア神話のエーリュシオンや日本神話の常世などに近い、ユートピア的な仙界のビジョンもさまざまに語られていた。西方には崑崙《こんろん》山なるものがあり（チベット方面の高山のイメージだ）、東方海上には蓬萊《ほうらい》、方丈《ほうじょう》、瀛洲《えいしゅう》といった霞《かすみ》たなびく三神山がある（海上に浮かぶ蜃気楼との関連を指摘する向きもある）。いずれも飛行術でも身につけないと行きつけないような仙界だ。日本の常世などはむしろ中国系の仙界の影響を受けたものだろう。

『抱朴子』は、黄金などから調整した金丹という霊薬を練って飲めば不老不死の仙人になれると本気で解説している。西洋でも中世には錬金術が流行していたが、こちらでも黄金のイ

図13－2　中国で発達した山水画は地上にある理想の地を描く　巨然「秋山問道図」（10世紀）

メージと不死のイメージが融合していた。発想法は似ている。

金丹も、西洋錬金術の「賢者の石」も、実際には誰一人獲得できなかった（はずだ）。しかし、人間は実証性がなくても宗教的信念を保持することができる。不思議なことのようにも思えるが、一神教の神やインド宗教の輪廻をめぐる信念についても同様のことが言えるのである。金丹ができたという直接的証拠がないのと同様に、神が啓示を賜ったとか誰かが餓鬼道に堕ちたとかいう直接的証拠はない。信仰には証拠はいらない。「道を信じない俗人にこの薬を誹謗させてはならぬ。そうなると薬は決して完成しない」（『抱朴子』巻四）、「見ないで信じる人は、幸いである」（ヨハネによる福音書二〇：二九）といった言葉は、証拠のないままに信仰を続けていくための便利な呪文となった。

なお、道士は本来自分が仙人になるために修行を積んだものであるが、大乗仏教と交わるうちにその利他の救済精神に感化され、道士もまた民衆の病気平癒を願ったり、死者を礼拝や焼香で供養したりするようになった。道教は見かけ上仏教とたいへんよく似たものとなった。

仏教の中国化――『父母恩重経』と『盂蘭盆経』

そもそも仏教が西にでなくもっぱら東に伝わっていったのは、西方社会には異質な思想を受け付けないほどの強力な形而上学が——一神教であれゾロアスター教であれグノーシス主義であれ——すでにあったからかもしれない。

しかし中国では、儒教も道教も他の思想もいささか実用主義的であるか体系性に欠けているかであって、しかも個人に焦点を当てて普遍的に人類を救おうなどという思想は十分に熟していなかった。儒者が先祖を祀り田舎風の社会倫理を説き、道士が神仙ファンタジーやまじないの類に専念している間に、それまで中国人が思ってもみなかった個人がばらばらに転生する輪廻とか、家を出て救済を求めて修行するといったアイデアが、各地で反発を引き起こしながらも次第に全土に広まりやがて定着することになった。これはたぶん避けがたいことであっただろう。

仏教が広まるに際して、一番抵抗があったのは、家を放り出して個人的に修行を始めるという、仏教の本質的に「親不孝」な性格であったようだ。しかもオリジナルの輪廻思想は個人単位の転生だから、仏道に帰依してしまうと祖先祭祀も意味を失いかねない。

この緊張を和らげようと心を痛めた者たちがいるらしく、中国の仏者はいつのまにか『父《ぶ》母《も》恩重《おんじゅう》経《ぎょう》』という偽経（インド生まれではない経典）を伝承するようになった。このお経の主張するところでは、釈迦は弟子たちに、まさしく父母への孝養を説いている。

釈迦はまず、赤ん坊時代に父母が尽くしてくれた養育の有難さについて細かく触れ、父母の恩は天空のように極まりないとする。そして、子はこの恩に報いるために、七月一五日の盂蘭盆《うらぼん》の行事を行なうべきだと説く。また、この経典を誦しまた書写して世に広めるべきだと説く。盂蘭盆とは盆器に食事をもって僧侶に供する行事のことで、死んだ親の追善供養になるとされた。今日日本で行なわれている「お盆」はこれに由来する。

盂蘭盆の起源を説く『盂蘭盆経』という偽経もある。

あるとき、釈迦の弟子の目蓮《もくれん》がテレパシー的に来世を観察してみた。すると、自らの母が餓鬼道に堕ちていることが分かった。目連は鉢に盛った飯を母に送ってみたが（テレポート？）、餓鬼界では食べ物はすぐに火に変貌してしまう。亡者は食うことができない。ショックを受けた目連は、師の釈迦に何とかならないものかおそるおそる尋ねる。すると師の曰く、君の母の犯した罪の罰を、君も神々も動かすことはできない。しかし、優れた仏僧ならば事態を変更できるはずだ、と。

すなわち、出家者が懺悔を行ない最も身が清くなる七月一五日において、彼らに対して盂蘭盆の儀礼を行なうならば、僧たちの功徳を目連の母に振り向けることが可能だと言うのである。

釈迦の命令で、僧たちは七代にわたる父母の幸せを念じつつ禅定《ぜんじょう》に入る（瞑想する）。目連は彼らに盂蘭盆の食事を供養する。かくして目連の母は餓鬼の苦しみから綺麗に解放されたのであった。

この経のアイデアが優れているのは、父母の恩に報いるという、中国人に納得のいく道徳を称揚すると同時に、（直接には親孝行を行なわないが）煩悩を断つことによって有益な力を蓄えた仏僧なるものの存在意義をも宣伝していることである。この場合、仏教の有難みは呪術的なものとなっているが、それでも、修行がもたらす清らかさが結局のところ人々の利益になるという大いなる因果を伝えている。かくしてこの経は、儒教と仏教の両方の教えを橋渡ししたのであった。

仏教か道教か？——官僚主義的な地獄ビジョン

他方、仏教の輪廻観と道教の「死＝懲罰」観を合流させる偽経も創作された。地獄の審判の様子を描いた各種の「十王経」がそれだ。内容的にはインドから中国までのさまざまな思考がブレンドされている。ここでの地獄はいちおう仏教の輪廻における地獄界であるらしいが、八大地獄のビジョンとは異なる。いくつもの役所が並んでいるあたりは中国伝来の羅酆と同じだ。閻魔王は死者の王から審判者となったヒンドゥー系のヤマラージャに相当するが、すっかり中国風になっているし、裁判官は他にもいて、全部合わせて「十王」である。中国風官僚主義の面目躍如たるものがある。

いったい仏教のお経なのだか道教のお経なのだか正体不明である。日本では仏教経典として伝わっているが（『仏説地蔵菩薩発心因縁十王経』＝『地蔵経』）、中国では類似の内容の道教系「十王経」が各種流布しているという。

道教版の『太上救苦天尊説消愆《けん》滅罪経』によると、死者は初七日から三回忌までの十の忌日ごとに異なる裁判官によって審査される。その対応関係は、次の通り。

①秦広《しんこう》大王（太素妙広真君）……一七（初七日）
②初江《しょこう》大王（陰徳定休真君）……二七（二七日）
③宗帝《そうてい》大王（洞明普静真君）……三七
④五官大王（玄徳五霊真君）……四七
⑤閻羅《えんら》大王（最勝輝霊真君）……五七
⑥変成《へんじょう》大王（宝粛昭成真君）……六七
⑦泰山《たいざん》大王（玄徳妙成真君）……七七（四十九日）
⑧平等大王（無上正度真君）……百日
⑨都市大王（飛魔演慶真君）……小祥（一周忌）
⑩転輪大王（五化威霊真君）……大祥（三回忌）

忌日のうち初七日から四十九日までは仏教の概念である。仏教では人は死ぬと次に生まれるまでの間、生と死の中間である「中有《ちゅうう》」あるいは「中陰《ちゅういん》」と呼ばれる状態に留め置かれる。この間に七日ごとに法要を行なうのであるが、四十九日が過ぎると転生してしまう。中国ではこのあとさらに百日、一周忌、三回忌を加えて全部で十回とした。転生概念は実質的に意味を失っている。この十回の法要に応じて地獄の裁判官が「十王」となったらしい。

結局これだけ儀礼を反復するのは仏教ならざる道教／儒教なのであるが、日本では全部が仏教の行事となり、さらに中世以降は七回忌、十三回忌、三十三回忌まで追加され（十三仏事）、さらに多くの法要を行なうこともある。すなわちこれは、インド式の死者をどうにかしようというマジカルな行事ではなく、死者を記憶するための行事だ。そういう意味では脱神話的だ。

なお、十王のうち五番目の閻羅王（閻魔王に同じ。羅はラージャ〔王〕の略）が地位的には一番上なのだが、彼らはいずれも天界の宮殿に住まう救済神である救苦天尊の命を受けて、死者を地獄から救出するための仕事をしている役人にすぎない。一神教の神は人間を天国組と地獄組にきっぱりと分けるが、中国仏教ないし道教系の十の裁判官は、いったい人を地獄に監禁しようとしているのか、地獄から解放すべく尽力しているのか、今一つ役割が不明である。両方向の間をとって、救済を目的に「煉獄」的な懲罰を与えているということかもしれない。西方教会では中世末期に地獄行きの峻烈さを緩和する「煉獄」が創出されたが（第7章）、ユーラシアの東端でもパラレルな発展が起きたというふうにも解釈できるだろう。

地獄の煉獄的な性格は、日本版「十王経」である『仏説地蔵菩薩発心因縁十王経』（『地蔵経』）の場合も同じである。こちらの十王の場合、①秦広王（←不動明王）、②初江王（←釈迦如来）、③宗帝王（←文殊菩薩）、④五官王（←普賢菩薩）、⑤閻魔王（←地蔵菩薩）、⑥変成王（←弥勒菩薩）、⑦太山王（←薬師如来）、⑧平等王（←観世音菩薩）、⑨都市王（←阿閦如来）、⑩五道転輪王（←阿弥陀仏）のそれぞれ括弧の中の仏菩薩が十王の姿に化身して地獄で救済活動していることになっている。

ちなみにこうした仏菩薩の配当は鎌倉期の日本の仏者の創作的付加であるとのことである。（なお、日本で死後の世界というと「三途の川」がイメージされるが、これは日本版『地蔵経』の記載に発するものだ。起源はやはり中国らしいが、ユーラシアの遠い淵源を介して、ギリシア神話のアケローン河ともつながっているのかもしれない。）

不可知論？　祖先祭祀？　不老不死？　十王信仰？

以上、中国の一般的な「死をめぐる教えと習慣」は――外来の仏教の部分を除けば――、孔子など知的エリートの不可知論、一般的な祖先祭祀、不老不死のファンタジー、恐ろし気だが案外楽天的な十王信仰というふうにまとめられる。

基本は祖先祭祀だが、これは儀礼を実践することに意義があるのであって、死後の世界を語るようなものではない。このことをはっきり認識したのが孔子であり、思想的には死の不可知論ということになる。他方、死を積極的に回避しようとする不老不死の金丹信仰もまた来世観とは言えない。仏教の影響を受けている地獄の十王信仰は立派な来世観であるが、裁判官が多いわりにはお役所の手続きのようなことで救済されるらしく、実存的にくよくよと考えるようなものでもなさそうだ。

結局、自分の死については究極的には「死のことは分からない」という教えに帰着し、他者の死については法要の儀礼的反復の推奨に帰着するわけである。もちろん仏教オリジナルの輪廻と往生と解脱を熱心に信仰する人々も歴史的にはたくさんいただろう。

儒教・道教・仏教はそのような分業の中にあった。同様の分業パターンは日本にも見られる。次の章で見ていくとしよう。

第14章　来世論への禁欲と耽溺——本居宣長と平田篤胤

中国において外来の仏教が地元の儒教や道教と対立しつつも共存する形で定着したように、日本では仏教、儒教、道教が日本列島固有の神々の信仰と重層的に定着していった。土着の信仰は、仏教教理の助けを借りつつ神道へと組織された。

死後に関する仏教界の公式見解は転生か浄土への往生であるが、日本ではむしろ現世での救いを強調する傾向があった。死者を「ほとけ」と呼ぶ慣行も一般化した。国学者本居宣長《もとおりのりなが》は死後問題に深入りせず、平田篤胤《ひらたあつたね》や柳田國男は生者と死者との相互交流を強調した。かくして曖昧性をたっぷりと含みつつ、現代日本人の「死生観」の土台のようなものが用意されたのである。

日本人仏教の変容――鎮護国家から葬式仏教まで

日本人が公式に仏教に触れたのは六世紀とされる。古代の感覚では新来のホトケなるカミは呪術的なパワーをもつもので、とくに、国家（朝廷）の守護――鎮護国家――に役立つと思われていた。八世紀には奈良盆地に東大寺などの伽藍《がらん》が建ち並び、多くの学生が新来の難解な思想を学ぶようになったが、依然として人々が仏教に期待していたのは、心の救いではなくて、国家社会の安寧やあれこれの招福除災なのであった。

宗教と国家との結びつきや宗教の呪術性は中世には世界中どこでも見られたことで、何も日本に特徴的なことではない。それでも、日本では仏法に対する国家の優先の意識が強かったとは言えるようだ。

九世紀に空海や最澄《さいちょう》によって本質的にマジカルな思想内容をもつ密教が招来されて以降、無病息災といった呪力への期待が大いに高まった。最澄の天台法華信仰は、また、日本の仏教思想の世俗化を推進した。天台宗の奉じる法華経は「一切衆生が究極的に成仏できる」と説く。この万人救済説がやがて「あらゆる衆生に潜在的にブッダの本質が宿っている」（悉《しっ》有仏性《うぶっしょう》）という思想を経由して、「目の前の俗世のすべての現象が悟りそのものの現われだ」とするきわめて現世肯定的な世界観――本覚《ほんがく》思想――に変容した。悟るまでもなく、現世そのものの中に人生の答えがあると言っているのだとすれば、それは仏教の存在理由を自ら掘り崩す思想でもあった。

インド仏教では、輪廻の神話を文字通りに信じ、途方もない回数の転生を重ねてからの究極的解脱を展望したが、中国においてすでに現世で究極の悟りが得られるという考え方があり、日本でももっぱらこの方向に理解が進んだ。鎌倉仏教の立役者たち、一三世紀の親鸞（浄土信仰）、道元（禅）、日蓮（法華信仰）は、本覚思想的に目の前の現実世界そのものを受容しようという立場であったが、今・ここで救いを確信してしまえば、インド人の説いた未来の最終解脱までの道のりなど、もはや重要な問題ではなくなってしまう。

後世の日本仏教の特徴としては、檀家制度（寺檀制度）と「葬式仏教」が挙げられる。あらゆる日本人がどこかの寺の檀家と解釈される習慣は、一七世紀に徳川幕府がキリスト教徒を取り締まる一環として各寺院に寺請状《てらうけ》（非キリスト教徒の証明書）を発行させたことに由来する。

近世以降は仏式の葬儀が発達し、通夜、納棺や読経、墓地まで遺体を運ぶ葬送、土葬ないし火葬などの式次第を細かく決めた儀礼が整備され、今日まで同じようなやり方が続いている。一九世紀に明治政府が儒教的忠孝の規範（教育勅語）と家父長制を国民に広めたが、その際、仏式の葬儀はこの家父長型祖先祭祀の重要な構成要素となった。かくして日本仏教は「葬式仏教」と言われるようになった。

儒教と道教の影響

日本における儒教と道教の影響は、おおむね未組織的・間接的なものに留まる。

空海の『三教指帰《さんごうしいき》』（八世紀）は儒教を出世向けの教養にすぎないと見なしている。しかし、中国的伝統に学んだ中世の禅僧たちは儒教的教養も大切にしていた。江戸時代には哲学的儒教の主流派である朱子学が官学となったが、陽明学など多様な学派が相互に議論を続け、豊富な学問的業績を残した。しかし孝や忠を説く倫理としての儒教が広まったのはおおむね武士階級の間に限られており、一般民衆に広く普及することはなかった。むしろ明治になってから、教育勅語の形で、とくに忠の徳性に力点を置いた儒教的規範が国民全般に普及することになった。

道教はどうか？『古事記』序文の世界観、常世の不老長寿思想、女の仙人のような天女の出てくる羽衣《はごろも》伝説、そして平安期に権威をもった陰陽道、山岳宗教としての修験道などに、道教の影響が見られる。陰陽道で恐れられた金神《こんじん》と呼ばれる方位神は、修験者などを通じて各地で信仰された。江戸末期の金光《こんこう》教などの新宗教では、この神を祟り神ではなく恵みの神に変えて大いに信仰した。

その他、易《えき》、六曜《ろくよう》（仏滅とか友引とかのカレンダー占い）、悪鬼を払う節分の行事といったふうに中国の宗教文化に由来する呪術的な風習は多い。これらが渾然一体となって、仏教や神道や民間信仰レベルの風俗の中に入り込んでいる。

「神道」の創出——本地垂迹説から国学まで

仏教伝来以前の日本土着の信仰については、ほとんど何も分からない。おそらくカミと呼ばれる霊的でパワフルな存在を畏怖するアニミズム的なものであり、統一された神話もなく、教理も定まっていなかった。

八世紀の朝廷は、一方では仏教の輸入定着に努め、他方では律令を通じて国家の祭祀を定めた。『古事記』『日本書紀』の神話の部分は、原初の信仰を部分的に伝えていると考えられるが、しかしこれらは中国思想や仏教の影響下に編纂されたものであり、しかも天皇家を権威づけるべく神話の改変が施されている。原初のモチーフは残っていても、人格化された神々の行動の意味付けなどは古来の伝承や民衆の信仰の正直な記録ではない。

仏教から見るとき、自然や社会の中の霊的形象である神は、当然迷える衆生の一種となった。だから神々もまた仏や菩薩の救済の対象ということになる。もう少し神々の自立性が高まると、彼らもまたヒンドゥー教のデーヴァたちのように仏教を守護すると言われるようになった。さらに中世になると「仏菩薩が日本の人々を救済するために神に化身して出現した」という本地垂迹《ほんじすいじゃく》説が発展する。本地とは仏菩薩の本来の姿、垂迹は化身して救済に努める姿を意味する。

以上、いずれの場合も、仏教が優位で、神信仰は下の位置づけである。しかし次の段階では、むしろ逆に「神々が本来のあり方で、仏菩薩こそその影だ」との立場が出現する（反本地垂迹説）。すなわち神信仰側が自信をつけたわけだ。

こうした流れの中で、いつしか「神道」という名称が定着した。仏教優位の段階のものとしては、両部《りょうぶ》神道（真言宗系）や山王神道（天台宗系）があり、中世以降の独立系の神道としては、伊勢神道や吉田神道などがある。近世には儒教とも連動するようになった（吉川神道、垂加神道）。

江戸時代後期、一八〜一九世紀の本居宣長や平田篤胤らの国学は、はっきりと国粋主義的となり、仏教も儒教も非本質的で人工的であるとして退けた。宣長は伝統的に一般に知られていなかった『古事記』を奨揚して文献研究を行ない、この書に原初の日本人の生のあり方を見た。篤胤は仏教や儒教の影響を受けない固有の神道の教理を構築しようと試み、とくに神道があまりタッチしてこなかった来世観に関して新解釈を打ち出した。

明治維新は、こうした「復古神道」を思想的背景として遂行された。新政府はそれまで混交していた神道と仏教を人工的に切り分け、神道の国教化に努めた。しかし、仏教やキリスト教も認めないわけにいかなかったので、それら個人信仰的な「宗教」に対して神道はメタな位置にたつ国家的祭祀であるとのロジックを構築した。かくして政府によって大々的に組織化された神道が国民に強制された。天皇は現人神《あらひとがみ》となった。この「国家神道」体制は終戦後に解体された。

神道としての来世観の始まり

第1章で『古事記』神話の黄泉、常世、根の国などを眺めてみたが、来世観としてはきわめて原始的なものであった。では、その後にどのような展開が見られたのだろうか？

これは来世観の発展というよりは、現世における祟りの認識がもたらしたものだが、平安時代以降しばらく隆盛を見た思想ないし習俗に、不慮の死を遂げた者が怨霊となって疫病、飢饉、地震などをもたらすという「御霊《ごりょう》信仰」がある。菅原道真を天神として慰撫する信仰などが有名だ。祟りのところは神道的であるが、怨霊退散のための加持祈禱などは仏教系（密教）のロジックである。

死をめぐる想像力が六道や往生に注ぎ込まれていた中世を通じて、神道のほうでは来世観に関してこれといった思想的深化を遂げることはなかった。しかし、近世には儒教の影響による進展があった。安蘇谷《あそや》正彦《まさひこ》は『神道の生死観』の中で、儒教系のものとしてとくに吉川《よしかわ》惟足《これたり》と若林強斎《わかばやしきょうさい》に注目している。

吉川神道を創唱した吉川惟足（一七世紀）は、天命を尽くした者の心（霊魂）は天地の「一気」に帰る、そうでなかった者は深山幽谷《しんざんゆうこく》などに漂う邪気妖怪となって苦しんで生きる、ときには都に出没して疫病をもたらす、と考えた。垂加神道系の若林強斎（一八世紀）は、忠孝をまっとうした魂は死後に八百万《やおよろず》の神々のヒエラルキーの下座を占める神霊となって君主や国家を鎮める役を果たすと主張した。逆に、不孝不忠者は永遠にその罪から逃れることができない。なにせ徳川期は忠孝が大事な時代だったのだ。

忠孝をめぐる死後の運命の差異についての強い調子は、キリスト教の天国地獄説の場合とそれほど変わらない。魂がひたすら忠を通じて地上の権力に仕えるという儒教型のイデオロギーは、天上の神に奉仕する一神教のイデオロギーとはまた違った形で、信者を強く拘束するものである。

死後について追究しない？――本居宣長

神道らしい独自の来世観を提示したのは、国学者の本居宣長（一七三〇―一八〇一）と平田篤胤（一七七六―一八四三）であった。だいぶ現代に近い時代のことだ。

死についての本居宣長の基本的見解は、死んだ人間はみな穢《きたな》くて暗い黄泉国に行かざるをえないということである。これは『古事記』や『日本書紀』の黄泉の記述に基づいているので、いたって「正統的」な見解だと言える。宣長はとくに、貴賤・善悪関係なしに全員平等に黄泉に行くということを強調した。つまり仏教型の善悪による自業自得の転生であれ、儒教型の忠孝の度合いに応じた運命の振り分けであれ、この世の生き様によって審判が下るという来世観を、宣長はあっさり否定したのである。

　また、宣長の唱えるところでは、死者と生者との交流は、基本的に存在しない。あとで見る平田篤胤はこの世とあの世のやり取りを強調したし、民俗学者の柳田國男もそうした交流が日本人の来世観の特徴だとしたが、宣長の黄泉説はこの点に関してドライで孤独なものであった。

　このように、宣長の死後世界は地獄よりはずっとましだが、あまり喜ばしい空間とは言えない。生者との交流がないというのも厳しい。しかし、この運命を安んじて受け入れるのが神道に生きる者の境涯だというのだ。

　ただし、安蘇谷によると、生者と死者の交流を断ち切ってしまうこの公式見解とは矛盾する見解も、著作のあちこちに断片的ながら見出される。墓所に鎮まる形でこの世に留まり、この世の人間に対して何かの働きかけを行なう——生者の生活を見守り、学業を助けるなど幸福を促したり、逆に祟りを起こしたりする——ことができるという思考を、『玉勝間《たまかつま》』や

『古事記伝』の注釈など、複数の文献から拾い出すことができるのである。

だとすると、宣長の来世観は、①原則は黄泉に行く、②死後の霊魂が生者に働きかけることもある、という二段構えの思想であったかもしれない。自らの死後についても、（黄泉に向かうはずだが）墓所に留まる可能性にも備えておこう、と考えていたふしがある。

宣長は山室山に墓所を定めて、「山むろにちとせの春の宿しめて風にしられぬ花をこそ見め」という歌を詠んでいる。山室の自分の墓に末永く落ち着いて、花をなど眺めていたいものだ……。これは死後は黄泉だと教えられていた門人たちを面食らわせたらしい。

原理主義か懐疑主義か？

宣長は古代の世界観へ復帰した、と言われるし、自分でもそう考えていた。それは仏教や儒教（や一神教）の唱える死後の倫理的裁きを排した、原初の素朴な来世観への復帰であるように、ひとまずは見える。しかし、実際はどうなのだろうか？

第1章で論じたように、『古事記』の黄泉の記述は、「死者は物理的に崩壊した」「死者は霊魂として生きている」という二種の認知の間にある矛盾をそのまま正直に表わしたものであるように、現代の我々には思えるのであった。『古事記』を読んでも黄泉の実態は分からない、古代人が死をどのように感じていたかが推理できるばかりだということだ。

しかし宣長にとって黄泉国は物理的実在だ。これは我々には教典原理主義的に聞こえる。さらに、どうやら業績次第で、死後の霊はこの世に影響を及ぼすチャンスも得られるらしい。それは死後世界に現世の倫理的審判を持ち込んだ仏教や一神教と同様の思考であるように思われる。

とはいえ、宣長には、「死後がどうであれ、そのことについてあれこれ心配しないのが神道の安心だ」と断言できるだけの懐疑主義的判断中止の精神もあった。このあたりに、孔子やエピクロスなどと同種の、そして現代的な不可知論に通ずる側面があったようにも思われる。宣長の思想の二重性については、死のことなど分からないと言いつつ祖先祭祀を重視した孔子や、『歎異抄《たんにしょう》』の中で念仏の効果など分からないと吐露しつつ信者には念仏往生を勧めていた親鸞や、死後の霊魂は無いと説きつつ「死者は自然に帰る」という汎神論的なことを言ったりもする現代の懐疑主義者などの、両義的な姿勢にも通ずるものと言えそうだ。

幽世《かくりよ》から子孫を見守る——平田篤胤

平田篤胤ははじめ、本居宣長に従って、死後の霊魂は黄泉に行くと考えていた。しかし『霊能真柱《たまのみはしら》』を書く頃までには、黄泉説は間違いだと主張するようになる。彼は宣長と違って『古事記』のような文献を天啓的なものと捉えていたが、記紀の記述そのものは混乱して

図14－1　篤胤は寅吉の証言に基づいて神仙界の「七生舞」の様子を絵師に描かせた　『仙境異聞』「七生舞の図」（19世紀）

いる可能性を認めた。そして、ヨミ（夜見）という古語に中国語の「黄泉」を充てたところから誤って「イザナミが死後の世界に行った」との謬説が生じたのだと考えた。

――イザナミは火の神を産むとき現身《うつしみ》のままヨミという空間に移動したにすぎない。イザナキ・イザナミという対の神の一方が死ねば、世界は即刻消え去ってしまったはずだ。そもそも臨死体験者の証言に「黄泉に行ってきた」というものはないではないか……？

宣長は死後世界について勝手な想像をしないのがすなおな神道的、日本人的生き方なのだと考えていたが、篤胤は死後世界の構造を明らかにしないではいられなかった。篤胤の来世観は、結局、次のようなものとなった。

霊魂は滅びない。死者の魂は幽冥界すなわ

ち幽世《かくりよ》に赴く。それは黄泉とは異なる独自の異次元界にして、この世に造られた墓地そのものでもある。幽冥界での暮らしぶりは、顕露界であるこの世と同様のものであるらしい。幽冥界からは生者の世界が素通しで見えている。死者たちとこの世に生きる者たちとは、祭祀を通じて交流できる。

この世を統治する者は、アマテラスから万世一系でつながっている天皇家だ。あの世すなわち幽冥界を主宰するのは、オホクニヌシである（ちなみに、大地のカミガミの代表者であり出雲系神話の中心的キャラクターであるオホクニヌシは、アマテラス系のカミガミに「国譲り」をしたというのが記紀世界の基本的神学である）。

図14－2　日本の絵画では足を描かないことで幽霊らしさが演出される　円山応挙画（18世紀）

童子の臨死体験

本居宣長と違って、平田篤胤は死後の世界の話が大好きで、さらにオカルト系の話に目がなかった。たとえば『勝五郎再生記聞』は、臨死体験および前世の話の先駆的な記録である。しかもきわめて詳細で、記述の仕方は近代的ですらある。

小谷田勝五郎は、武州多摩郡柚木《ゆぎ》領中野村——現在は八王子市に属する——の農家の少年である。彼は八歳のときに「前世の記憶」を語り出し、地元で、さらに江戸で評判になった。篤胤は少年を自宅に呼んで、詳しい話を聞いて記録した。

それによれば、勝五郎の前世は、六歳のときに疱瘡《ほうそう》で死んだ藤蔵という子供であった。勝五郎が、藤蔵が同じ郡の程窪村に住んでいること、父母や養父の名がこれこれであることなどを語り出したので、現在の父が調べたところ、話の内容は実際と一致していた。

勝五郎の語る話は現代の「前世の記憶」や「臨死体験」の言説的パターンによく似たものだ。曰く、体が棺桶に押し込まれるときに意識が離脱して体の傍らに立った状態となった。僧たちが読経していたが何にもならず、彼らは金銭をたぶらかし盗ろうとしているのだと憎々しく感じた(子供らしくない調子の批判的コメントである。記録者による誘導はなかったのだろうか?)。野辺送りのときは棺桶の上に乗っていた。その後、自宅で家族に話しかけても誰も反応しなかった。

やがて長い白髪を垂らして黒い着物を着た翁《おきな》が現われたので、ついて行くと、花咲き乱れる綺麗な芝原に着く。何か月もたってから、翁と一緒に歩いていたとき、「あれなる家に入りて生まれよ」と翁が言ったので、現在の家の庭の柿の下に三日、竈《かまど》のそばに三日たたずみ、その後に母の胎に入った。

前世の記憶は四歳頃まではまはっきりしていたが、その後はだいぶ忘れてしまったと。

篤胤の比定するところでは、白髪の翁は産土神《うぶすながみ》である熊野権現であろうと。勝五郎が経由した空間はオホクニヌシが主宰する幽冥界だが、村々の鎮守の神である産土の神々がこうやって人の生き死にの面倒を見る仕組みであるらしい。

篤胤には他に、神仙界に行ってマジカルパワーを身につけたという寅吉少年をインタビューして書いた『仙境異聞』や、備後の稲生武太夫《いのうぶだゆう》の少年時代の化け物遭遇体験を記した『稲生物怪録』の平田本という編集バージョンなどもある。篤胤にとってはこうした「実証」を経て幽冥界の実在を確信したということのようだ。

幽冥界のその後

平田篤胤の議論はエキセントリックかつ他宗教に対し排他的なものだ。篤胤が開いたスピリチュアルな言説世界はその後も世に受け継がれた。

特筆すべきはやはり柳田國男の民俗学だろう。柳田の議論には篤胤の顕幽二界のモチーフが現われている。第二次大戦後まもなく刊行された『先祖の話』の述べるところでは、日本人の生死観の特徴は四つある。①死後の霊はこの世界のさして遠からざるところに行く。②顕幽二界の交流が頻繁で、ふだんからわりに簡単に招き招かれる。③臨終のときの念願が死後に叶う。④そのため子孫のための計画を立てたり、生まれ変わって事業を継続したりすることを考える者が多かった（『先祖の話』六四節）。

柳田自身、先祖の加護の力が何らかの形で作用することを信じていたようでもある。曰く、我々が先祖の加護を信じ、わざわざ救われようと表白したりしないのは、先祖にその力があると「久しい経験によっていつとなく覚えていたからであった」（同）。そういう意味で、柳田民俗学の死生観には学問的性格と信仰的性格が融合しているのである。

第15章　オカルトの台頭――近代西洋の心霊主義

前章で見たように、日本では歴史が進むにつれて、仏教の輪廻、往生、解脱といった教理や来世観の相対化、曖昧化が進んだ。それは単純な世俗化・合理化ではなく、幽冥界などのアニミズム的でオカルト的なビジョンの台頭を招くものでもあった。

欧米社会における目覚ましい近代化と教会の権威の後退については本書で論じるまでもないが、やはりキリスト教的な来世観の後退とともに、魂の行方をめぐる心霊主義やオカルト的な教説が流行を迎えるようになったのである。

一九世紀欧米の心霊主義

心霊主義と訳されるスピリチュアリズム（spiritualism）は、霊媒を通じて死者の霊と交信できるという信仰のことで、死者を呼び出す術――交霊術あるいは降霊術――そのものも指す。日本で言えばイタコ的な民間信仰に相当する。(たいへん紛らわしいが、このspiritualismは近年よく耳にするspirituality〔スピリチュアリティ、霊性〕とは別の言葉である。後者は個人レベルの宗教心一般を指し、教団や教理としてのreligion〔宗教〕と対比的に用いられる。)

英米を中心とする西洋社会において、一九世紀の中頃、突如、交霊会が流行するようになった。交霊会(séance)というのは、人々が集まって死者の霊を呼び出すという集団儀礼ないし社交会のようなものだが、ふつう、幽霊がじかに出現して口を聞くわけではない。通例は、霊媒と参加者が手をつないでテーブルを囲み、霊媒が上方の霊界にいると思しき死者の霊に語りかける。死者はラップ音(物を叩くような雑音)を通じて返答する。トンでイエスを、トントンでノーをといった具合である。

霊媒といってもプロとは限らない。最盛期には、霊感の強い人が中心になって、全国各地の家庭で、職場で、集会所で交霊会が開かれたと言われているが、その流行の規模や会の頻度ははっきりしない。人々がどの程度本気にしていたのかも不明である。

プロの霊媒の場合、富裕層のサロンで交霊会を催して、単純なラップ音よりはるかに複雑化した「芸能」で稼いでいた。レパートリーには、暗闇の中で楽器を鳴り響かせる(霊がやったということになっていたが、霊媒やその助手が弾いていたと考えられる)、物品を空中に浮遊させる、室内に芳香を漂わせる、石板上にメッセージの文字を出現させる、テーブルを回転させるなどがあった。奇術的トリックではないという証拠に、霊媒を椅子に縛りつけておくこともあったが、その場合も霊媒は別室に一人で放置された（だから縄抜けをやって楽器を鳴らすくらいのことは可能であった）。

　ロンドンで活動した霊媒フローレンス・クックは幽霊そのものを出現させた。彼女の出す幽霊はケイティ・キングと呼ばれる若い女性で、交霊会のアイドル的な存在となった。クック自身が化粧した姿ではないかとも疑われるが、確たる証拠はない。化学・物理学者のウィリアム・クルックスは、クックの出すケイティ嬢が霊的実在であると主張してはばからなかった。

図15－1　**交霊会の写真**　19世紀

　目覚ましく科学が発展した一九世紀に心霊やオカルトが信じられたのは不思議に思われるかもしれないが、一般民衆がみな科学のロジックを理解したわけではないし、電磁気や放射線と

図15－２　リンカーン未亡人の背後に出現したエイブラハム・リンカーン　ウィリアム・マムラーの心霊写真（19世紀）

いった目に見えないが確実にある密やかな存在の発見が、かえって霊的なものやテレパシー的なものの仮説に信憑性をもたせたという側面もあった。

米国の写真師ウィリアム・マムラーは死者を遺族の写真の中に写し込んで、心霊写真という新ジャンルを生み出した（おそらくは単純な二重露光だったと思われる）。当時は南北戦争で身内を亡くした人が多かったので、彼の心霊写真業は大いに繁盛した。リンカーン大統領の霊が未亡人の背後に写り込んでいる写真は、当時米欧両大陸で評判をとった。

なぜ心霊主義が求められたか？

二〇世紀に入る頃には下火になったかに思えた心霊主義であるが、第一次世界大戦は再流行をもたらした。名探偵シャーロック・ホームズの生みの親として有名な作家コナン・ドイルもまた、戦争で息子を亡くしたことをきっかけに心霊写真と心霊主義の虜《とりこ》となった。ドイルと彼の死んだ息子の霊が写っているとされる写真も遺《のこ》っている。

ドイルは、心霊主義の知見により死者の霊の存在が明らかになったから、唯物論は致命的な打撃を受けたと考えた。彼にとってspiritualism（心霊主義）はmaterialism（唯物論）の反対概念なのである。唯物論は神、霊魂、来世の一切を否定する。当時の自然科学者の多くは、マルクスなどの社会運動家とともに、唯物論を公言していた。

ドイルはまた、心霊主義の知見は「因習的なキリスト教」の教説にも大きな変更を迫るものだと考えた。死者の霊には地獄の存在を暗示するところはない。だから新しいキリスト教は、永遠の地獄など説くのをやめ、ただ天国、天使、キリスト、そして全知全能の神だけを説いていればよろしい――ドイルはそう考えた。

科学的犯罪捜査の書き手として鳴らしたドイルは、信用のある社会的名士だった。彼の心霊主義的な主張は知識人の思想として一般的とは言えないものの、それほど奇矯なものではなかったはずだ。知識人であれ、一般大衆であれ、多くの人が宗教と無神論の両方に違和感を覚えていた時代である。教会が言い立てる罪や地獄の劫罰はもはや信じたくない。しかし死後の魂の存続は信じたい。死んだら無になる唯物論は願い下げだが、科学的思考自体は尊重しなければならない。だから新しい宗教と新しい科学の道しるべとなるものがあってほしかったのだ。

柳宗悦の場合

心霊主義の科学的研究が死後の生の確実なることを実証したという噂は、同時代の日本にも届いていた。

たとえば若き宗教思想家、柳宗悦《やなぎむねよし》――のちに民芸運動で有名になるあの柳宗悦だ――は、『科学と人生』(一九一一年)の中で、ドイルに似た見解を述べている。曰く、かつて宗教は死後の生のあることを独断的に説いた。次に興った科学は合理的な見地からそれを否定した。しかし今や訪れつつある「新しき科学」は死後の生を実証的に証したのだ。科学思想の画期的新時代が訪れた!――ここで「新しき科学」とは心霊主義を支持するような科学のことである。

補足的に説明すると、交霊術らしきものが日本に伝わった最初の形跡は、明治中期のコックリさんブームであったとされる。今日に伝わるものとは様式が違い、飯櫃《めしびつ》の蓋を三本の竹で不安定に立てて、その蓋の傾きでコックリさんなる霊に答えさせるというもので、西洋式交霊術におけるテーブルターニングという技に相当する。もっとも、コックリさんは死者の霊ではない。狐狗狸と書いてキツネやタヌキの仕業などとも考えられていた。日本の伝統には死者の霊がイタコなどの巫女に取り憑いて話す口寄せなるものがもともとあったので、死者との交信のためにわざわざ西洋発の新しい仕掛けを用いる必要性はなかったようだ。

心霊主義はそのままの形では日本に輸入されなかったわけだが、他方、交霊会や心霊写真が暗示する近代西洋の霊界には、そもそも国学者平田篤胤の唱える幽冥界を思わせるところがあった。篤胤の幽冥界は、遠い楽園や天国のようなものではなく、この世に重なった異次元界のようなものだ。死者は生者のことを自由に眺めている。これと同様に、西洋式交霊会に出現する霊たちも、ちょっと呼びかけるだけですぐに応答できるほどの、間近な空間に潜む存在だ。

明治大正期の日本では怪談噺が流行しており、柳田國男の『遠野物語』の出版（一九一〇年）もまた往時の怪談ブームの余波である。日本の怪談ブームと西洋の心霊ブームとの時代的呼応関係は注目に値する。キリスト教的来世観の衰微とともに現われた来世観が、仏教的来世観の土着化ないし凡俗化とタイアップする形で標準化した日本の民間信仰や国学系の幽冥界型来世観とどこか似た雰囲気のものであるのは、それほど不思議なことではないのかもしれない。

スヴェーデンボリと神智学

近代西洋が生み出した来世思想にはさまざまなバリエーションがある。

心霊主義が流行を始める一世紀前、合理的な鉱山学で名を馳せた科学者、スヴェーデンボリ（スウェーデンボルグ）は、霊界をたびたび訪れて膨大な記録を書き残した。神学的隠喩などない平明な記述は科学的実証精神を思わせるものだが、ビジョンそのものは何か脳神経学的な現象であったのかもしれない。

彼の説く霊界の特徴は、伝統的な天国と地獄の倫理的二分法を受け入れつつ、ただ、天国と地獄のどちらもが霊自身の内面の投影であると考える一種の合理主義にある。霊界では、善良な者は善良な者どうし集まって天国的な主観的空間を構成し、邪悪な者は邪悪な者どうし集まって地獄的な主観的空間を構成するのだと言う。霊界があるという点では二元論だが、すべてを霊たちの意識の投影に還元するあたりは一元論的である。彼の霊界には山も川も町も国家もあり、仕事も家庭も社交も政治もある。生者の世界とよく似ているという点が幽冥界めいている。

フランス系の心霊主義（こちらはスピリティスム spiritisme と呼ばれる）を唱えた一九世紀のアラン・カルデックは、スヴェーデンボリ的に、霊のあり方によって天使的な状況ないし苦界の状況が生まれると考えたが、霊は神へ向かうべく切磋琢磨《せっさたくま》しつつ、その途上で幾度もこの世に受肉し、地上での修行を繰り返すという。つまり霊は転生する。

神智学協会（Theosophical Society）のブラヴァツキー夫人（H・P・ブラヴァツキー）の来

世観もまた、輪廻転生型だ。当人の触れ込みによれば、彼女は仏教などの東洋思想の蘊奥《うんのう》を究めた、というか、その淵源の思想を知っているとの由で、基本的には魂は輪廻を通じて無限に進化していくものとされている。東洋学者マックス・ミュラーはこれを仏教思想の曲解と見ていたが、同会のオルコット大佐が日本を訪れたときは、神智学は日本の仏教界から（リップサービスかもしれないが）好意的に受け止められた。なお、神智学協会から分派したルドルフ・シュタイナーの人智学（Anthroposophie）もまた、霊魂が転生を重ねつつ霊界のさまざまな領域で真理を学んでいくものとしている。

輪廻タイプのものもそうでないものも、一様に死後延々と続く魂の向上ないし進化のようなものを説いていることが注目される。もちろん、伝統的な古典的宗教においても、死後や転生後も続く修行や修道の思想がありはした。しかし、たとえば一神教の場合、信者たちがつねに心配しなければならないのは、己の来世が地獄であるかもしれないことであった。仏教の場合も、衆生の運命というべき輪廻転生は進歩向上を期待させるものというよりは、迷いと転落の危険に満ちた厭うべきものなのであった。

それに比べて、近代西洋に生まれた進歩向上型の来世観は、基本的に楽天的だ。心の迷妄が地獄的境遇を招き寄せるかもしれないが、基本的には自分自身の心構えの問題である。むしろ期待されるのは、死後に努力を続けることで自ら天使のような存在に進化していくことである。

おそらくこうした楽天主義は、一九世紀的立身出世思想から二〇世紀的自己実現主義まで、人々を鼓舞し続けている進歩向上型イデオロギーの霊的投影なのだろう。

浅野和三郎と宮沢賢治

来世観における進歩向上型のイデオロギーは、西洋式心霊主義の影響を受けた日本人の言説にもうかがえる。

たとえば新宗教教団、大本《おおもと》の論説家、浅野和三郎《あさのわさぶろう》の例である。もともと著名な英語学者であった浅野は、一九一七年に教団機関誌の中で、英書で読んだブラヴァツキー夫人の霊学的蘊蓄《うんちく》を讃えつつ、夫人の知識が日本の霊学については貧弱であることを指摘し、むしろ日本の——つまり大本の——神霊の知識や行法こそがあらゆる霊学の要諦であることを主張している。これなどは、海外発の情報に寄りかかりつつ、それを凌駕するものとして日本の皇道を押し立てるという意味で、国学風のナショナリズムを受け継いでいる。

浅野はさらに、一九三四年の『神霊主義』において西洋の心霊科学をあれこれ紹介し、死後の霊の進歩向上と、進歩の到達点たるべき汎神論的な神の形而上学とを説いた。さらに話を飛躍させ、老子思想や神道の「大自然主義」、宇宙全体を一個の生命と見立てる「大生命主義」、万世一系の皇室を中心とする日本の国体および祖先崇拝の徳風を大いに喧伝している。霊学的見地からは、世界は日本の国体を模範とすべきなのであるらしい。

なお、一九三三年に結核で亡くなった宮沢賢治の作品中にも、心霊主義ないしオカルト思想の影響があることを指摘しておこう。賢治は法華経の熱心な信者であったが、未定稿『銀河鉄道の夜』のジョバンニと死者カムパネルラの霊的交感や、「どこまでもどこまでも」みなの幸福のために頑張ろうという意識の中に、輪廻思想ないし法華思想的なものを読み取ることが可能である。しかしまた、こうした意識は死後の霊的進化を信じる神智学型の心霊思想に近いものともなっている。廃棄された原稿の中には明らかにテレパシー実験を暗示している箇所があり、列車内に出現した心霊的人物が霊的進化論めいたものを説くという描写もある。

西洋発のものは社会思想でも相対性理論でもエスペラントでもチェロでも貪欲に学んだ賢治のことだから、霊的な方面でも最新式のものを咀嚼《そしゃく》して自己の思想に取り込んだというのは大いにありそうなことである。

ニューエイジへ

心霊主義ないしオカルト的東洋思想は今日でも健在である。それは二〇世紀後半に「ニューエイジ」として甦って、ますます多様化しつつ、欧米人の宗教心（霊性）の中に食い込んでいっている。

一九六〇年代アメリカのビート世代の作家たちは鈴木《すずき》大拙《だいせつ》などの禅の影響を受けたが、七〇年代のヒッピー世代以降のニューエイジブームにおいては、ビート禅はさらに拡大して、インド発のヨーガないし瞑想、輪廻とカルマ、中国発のイー・チン（易経）とイン・ヤン（陰陽）、西洋オカルト系の占星術やタロット、スヴェーデンボリ、心霊主義、神智学や人智学などが次々と引っ張り出された。

一九八〇年代には、セレブが書いた輪廻転生体験の本がヒットを飛ばすようになった。やがて輪廻は中産階級を中心に欧米社会に定着するようになる。ここで注意しなければならないのは、ニューエイジ型輪廻の場合、たとえ仏教やヒンドゥー教の装いで語られていたとしても、これが近代西洋特有の地獄抜きの楽天的な性格のものとなっていることだ。このタイプの輪廻観は日本にも逆輸入されている。自己の前世がジャンヌ・ダルクだのナポレオンだの有名人だったといった式の話が続くようであれば、すべて欧米発のアイデンティティ探求型・自己啓発型の輪廻観だと考えていいだろう。

ニューエイジの台頭と平行する形で、一九七〇年代から世に広がり始めたのが、臨死体験言説である（臨死体験に関する脳神経学的所見については、序章参照）。臨死体験言説を広めたレイモンド・ムーディや死の看取りの提唱で有名なエリザベス・キューブラー＝ロスの信ずるところでは、臨死体験とは死後の生を垣間見る現象に他ならない。キューブラー＝ロスの来世観とスヴェーデンボリの霊界探訪譚との類似を指摘する論者もいる（高橋和夫）。

臨死体験ブームに際しては、チベット仏教の「死者の書」も流行した。臨死体験報告はそこに説かれる中有《ちゅうう》の描写に似ていると言うのだ。ちなみに、転生までの期間を示す中有自体は、チベットに限らず仏教全般で説かれる思想である（第13章参照）。

臨死体験ブームと同じ時期、カナダの精神医学者、イアン・スティーヴンソンがいわゆる前世の記憶をもつ子供たちの研究を世に問うようになり、折からの輪廻ブームと相乗効果をもつようになった。しかしスティーヴンソンの挙げる事例は調査法も推論もかなり杜撰《ずさん》なものであると指摘されており（ポール・エドワーズ）、臨死体験を「死後体験」とする説と同様、科学界でまじめに論じられる水準のものではない。

第16章　死の言説の再構築——死生観と死生学

前章で見たように、欧米や日本などユーラシアの西端と東端では、中東やインドに生まれた古典的大宗教の権威が衰える一方で、死者との交流を求める民俗的ないしアニミズム的な信仰が浮上したのであった。平田篤胤の幽冥界や、欧米の心霊主義である。

しかし、その一方で、社会の近代化ないし合理化が進んだ。知的主流文化は死後の神話や神学を文字通りには受け止めなくなった。死を死にゆく者と看取る者の覚悟や作法の問題と捉える立場（死生観）が浮上し、死をめぐるさまざまな文化装置や倫理的・実践的課題を調べる死生学が提唱されるようになったのは、そういう文脈においてである。

「死生観」言説の誕生

死生観とは、自己や親しい他人の死（の可能性）に対して抱く主観的な覚悟、思い、哲学のことだ。いわば、死をめぐる人生観である。宗教の説く来世を信じているのなら、その来世観（をもつ人生観）がその人の死生観ということになる。しかし、「来世なんて存在しない、今に生きるだけだ」という死生観もあるわけだ。

ちなみに「死生」という語順は漢学の伝統によるらしい（「死生、命あり（死ぬも生きるも運命だ）」論語、顔淵第十二）。「生死観」が用いられることもあるが、仏教用語の生死《しょうじ》（＝輪廻）と紛らわしいためかあまり普及していない。

死生観という日本語が生まれたのは、明治の末頃（二〇世紀初頭）である。この言葉が必要となった理由としては、何度も書いてきたように、日本の伝統的来世観が輪廻、極楽往生、黄泉、常世、幽冥界等々が並び立ったままであって、死んだらみな「ほとけ」になるようでも「草葉の陰」で見守っているようでもお盆には先祖の国から帰ってくるようでもあるという、混乱きわまりない状況にあったので、国民全般の生き方や死の覚悟のほうに焦点を当てた統一用語が欲しくなったということがあるだろう。

では、なぜ明治後半という時代にそういう用語が欲しくなったのかというと、それは近代化へ向けて国民を統合することが希求されたこの時代、日本人の生き方とは何なのかを自ら納得したり外国人に説明したりする必要が痛感されたからに他ならない。それは宗教と同様、死や死の向こうまでも展望する大いなる思想であるべきであったから、死生観がふさわしい呼び名となったのだ。

国民の倫理のあるべき理想を提示せんとしたエリートたちは、新渡戸稲造のように理念的な「武士道」を説いたり、加藤咄堂《かとうとつどう》のように日本固有の「死生観」を提唱したりするようになった。そもそもこの時代、日本人の生き方としては儒教的な忠孝を説く教育勅語が規範として働いていた。戦前の死生観はそういう文脈で語られるものだったのである。

「武士道」言説と忠君的死生観

明治末から戦前にかけて、「修養」という概念が流行した。これは江戸期の二宮尊徳や石田梅岩などによる民衆の道徳的教化に由来し、それが明治国家が必要とする国民意識の涵養《かんよう》に資するように整形されていったものだ。知識と道徳を錬磨するのであるが、通俗的な道徳から坐禅のような精神統一や教育勅語の奉戴までが含まれている。

その神話的な核の一つとして浮上してきたのが、江戸時代にはあまり語られることのなかった武士道で、その言説上の定着に大きな役割を果たしたのが、新渡戸稲造の有名な*Bushido*である（副題はThe Soul of Japan。英語の原書は一八九九年に米国で出版され、一九〇八年に邦訳されている）。この本によって欧米人は、武士道が日本人の「魂」なのだと思うようになったが、翻訳を通じて日本の世論にも影響を及ぼした。

新渡戸がこの本を書いた動機として、ベルギーの法学者から、道徳教育には宗教が必要だと言われて、日本においてはそうした方面が欠落していることを痛感したというエピソードがあるというのは、有名な話だ。新渡戸はつくづくと考えてみて武士道こそがその欠落を埋め合わせる倫理的な核であることに思い至ったのである。

ちなみに欧米の知識人が「宗教が道徳の基盤だ」と主張することは現代ではあまりなくなった。道徳の基盤として語られる「宗教」「神」なるものは理念的なものにすぎず、あらゆる迷信と非道徳的慣習を含む現実の宗教との乖離《かいり》が激しいからだ。しかし、明治の時代には違った。欧米のプロテスタンティズムやカトリシズムの美徳がたっぷりと説かれ、クリスチャンでもある新渡戸はそれをまじめに受け止めずにはいられなかったのだ。

というわけで、武士道という倫理はキリスト教倫理と同様、理念的に語られたものである。クリスチャンがみな殉教を推奨されるわけではないように、武士道を説いたからといって国民みなにハラキリを勧めているわけではない。しかし、異教徒の闘技場で猛獣に喰われたり逆さ磔《はりつけ》になったりした初期の殉教者が純粋な信仰の象徴となるように、主君に殉じて腹をかっ割く姿は日本的な潔さの象徴となる。

国内向けに修養の道を説いていた加藤咄堂も、主著『死生観』(一九〇四年)において、武士道を日本人固有の死生観として推奨している。

彼はまず、神秘思想を退ける。彼は欧米の心霊主義の勃興について「歴史は繰り返す」とコメントし、「もとより神秘論者のいうところは、智識的研究においては一顧を値せずといえども、またもってこれらの問題が永久の疑団として吾人の前に横たわれるを見るべし」と言っている（一五七頁）。霊魂とは人間が死を見つめるための公案（禅の悟りを促す課題）のようなものだ。このあたりの彼の主張は禅的でも合理主義的でもある。

そして加藤によれば、日本人には死後の生に拘泥しないあっぱれな伝統がある。この「大和民族の先天的な死生観」が中世に結晶化し、主君に尽くしながら泰然自若として死んでいく武士道精神となった。加藤は当時流行の哲学思想に従って、生も死も宇宙的実在の現象面と考えている。彼にとって死とはどのみち宇宙的実在への回帰に他ならないから、現象のもう一つの相である人生の職責をまっとうしつつ死を受け入れる「大和民族が先天的に有せる死生観」は合理的評価基準にかなう道なのである。

彼はこれを古くから続く民族固有の死生観と考えたが、彼が推奨するこの立場が、彼が国民に広めようと思っていた教育勅語の説く天皇を中心とする明治国家体制への従属の理想と適合することは明らかだろう。

教育勅語の作成者である井上毅《いのうえこわし》と元《もと》田《だ》永孚《ながざね》の基本的素養は儒教であった。彼らは超越的な神仏への言及を避ける一方で、人生の究極的価値を国家すなわち皇室へと一元化した。そこで説かれる孝行や信頼や博愛や啓発や修養等々は一般的な徳義であるが、ひとたび国家と世論が全体主義に傾いたとき、それを批判する超越的基盤が得られないのが、こうした一元的思考法の難点だ。結局、戦中の見苦しい数々の体験を経て、忠君愛国型の規範的死生観は、戦後、力を失うことになった。

戦争で死にゆく者の断裂

戦後、唐木順三《からきじゅんぞう》はエッセイ「自殺について」の冒頭で、戦争で死んでいった学生たちの手記集『きけ　わだつみのこえ』(一九四九年)を読んだ感想を述べている。彼は、死を迎えつつある学生たちが、しばしば、率直でもあり哲学的でも科学的でもある考察を書き綴った挙句に、「急に身をかわして」、それまでの考察とは無関係に、お国のために死を受容するという方向で話を結んでいることを指摘する(唐木順三全集第三巻、三三九頁)。

ある者は、父に宛てた細かな戦況報告のあとで、「何にしてもただ命あるままに、大君のみことのままに進むだけの事です」と結ぶ。別の者は、『資本論』などを詳しく論じたあとで、「ともかく、我々は、我々にきまったように力一ぱい働くのみ」と結ぶ。さらに別の者は、「死、死、いったい死とは何だろうか」と問いつめた直後に、「それはともかくとしよう」と言って話を変えてしまう。

また、日記の締めくくりに「月も日も流しやりけり春の潮」といった俳句を詠む者も多い。戦犯としての処刑の前夜に「をののきも悲しみもなし絞首台母の笑顔をいだきてゆかむ」と書いた者もいる。

図16－1　近代社会は戦争を徹底的に組織化・国家事業化した。これが現代人の死生観にジレンマをもたらしている　戦時中の紙幣に描かれた靖国神社

これらはもちろん、国家に批判的なことを書くわけにいかないことへの配慮の結果ではあろうし、学生たちの教養が現実に着地点を見出せる状況でなかったこともあるだろう。親世代との思考や言語のギャップを詩歌という伝統のスタイルで埋めたということでもあるだろう。ともあれ、唐木はこれらの思考に断裂――それゆえまた言論としての不完全さ――があることを指摘したのである。

おそらく戦没学生ばかりではない。人が自らの死に向き合って縷々《るる》綴ったものは、死生観的な文献ということになるが、社会が矛盾や混乱の中にあるとき、個人の思念はさまざまな配慮から断裂を含まざるをえず、自らの死生観を統一的に語り上げるなどということはきっとできないだろう。

さかのぼって考えてみれば、中世にあったとされる武士道的な忠義と殉死の死生観も、むしろ「それはともかくとしよう」と書いて死に赴いた――そうせざるをえなかった――学生たちと同様の思考的断裂を含んでいたのかもしれない。

もっとも、戦没学生の手記の場合、死をめぐる矛盾をすべて包容するがごとくに、和歌などで少なくとも表層上和やかに記述を締めくくる、という態度――黄泉国が穢いところであろうと「言挙げ」せずに黙って受け入れる本居宣長的態度――が広範に見られる。それが日本文化に仕掛けられた死生観なのだと言うことはできるかもしれない（個人の、ではなく文化の規範としての死生観）。

「～観」と書くときに、我々はそこに何か内発的で統一的な思考があったというふうに感じたくなる。しかし世の中は、個人が主体的に生きようと思って生きられるほど筋道の通ったものではないのだから、語られる一つ一つの人生観や死生観は、矛盾した規範との格闘、忖《そん》度《たく》、諦念の産物であるのかもしれないのである。

死生観のその後

戦時中の一九四三年に刊行された『日本精神と生死観』で鈴木大拙は、禅的な無我の境地としての武家の生死観（＝死生観）と、念仏で阿弥陀に身を任す庶民の生死観とを分けて論じている。他方、戦後まもなくの一九四六年に刊行された柳田國男の『先祖の話』では、第14章で見たように、霊魂の生存を前提とする幽冥界系の来世観のほうを標準的と見ている。お盆で死者が家に帰ってくる世界観だ。そこには身近な血縁に生まれ変わる転生の観念もあるが、仏教とは無関係である。要するに、武士道にも仏教にも還元されない一般民衆の死生観というものがあったというのである。

一九六四年には宗教学者の岸本英夫が『死を見つめる心』を著し、古今の生死観の類型論とともに、癌を宣告された自己の闘病生活についても記した。これはもはや、戦前におけるような道徳的規範としての死生観談義ではない。岸本はさらに、自己が死の恐怖に直面した体験から、人間一般の問題として論じる生死観と、自分自身が危機を迎えているときの――「生命飢餓状態におかれている場合の」――生死観とでは異なるとしている。彼自身は自己の生死観として、死を「別れのとき」という意味をもつものとして、それを立派に演じられるように心の準備をすることを自らに求めている。死は避けられないものであり、しかももはや来世を中世人のようには信じられなくなった現代人としては、これがぎりぎり現実的な生死観だという一つの例証となっている。

日本人論的な死生観言説としては、R・J・リフトン、加藤周一他共著の『日本人の死生観』（一九七七年）が挙げられる。近代日本の歴史や社会、文化を知るためのイェール大学のセミナーをまとめたもので、乃木希典、森鷗外、中江兆民、河上肇、正宗白鳥、三島由紀夫の生涯を取り上げ、人間集団の神聖化の傾向や、象徴的な不死性の意識などに焦点が当てられている。

このように、死生観をめぐる議論は、国外の視点などを交え、従来より個別的で実証的な方向に向かった。従来の死生観談義は宗教のように規範的なものだったが、そういう性格は薄められたのである。

欧米人の死生観

以上見てきたように、日本における死生観言説の浮上は、伝統的な宗教事情の複雑さと近代化へ向けての国民道徳の涵養の要求との掛け合わせの結果であった。これに対して、欧米社会の場合、メジャーな宗教がキリスト教しかなかったこともあって、これを文字通り信じていようとそうでなかろうと、あえて国民の死生観（英訳すれば view of life and death あたりか）という項目を立てて論ずる必要性はなかった。しかし、そうはいっても、死後の世界の曖昧化と懐疑主義の成長は、欧米においても進んでいたのである。

すでにシェイクスピアの昔から「行きて（＝死んで）帰りし者なし」と言われ、「一体、死という眠りの中でどんな夢を見るのか？」と言われている（『新訳　ハムレット』、九九頁）。近代初期のピューリタンたちは、自らの死後の天国行きを神に保証してもらうことはできないという立場で、死に関しては実質的に不可知論に近かった（それでも勤勉な労働を通じての世俗的成功が、神の微笑みすなわち天国行きの保証だと思えるほどに楽天的ではいられた）。

一九世紀の米国のロマン派詩人ウィリアム・カレン・ブライアントの“Thanatopsis”という詩は、幾世代にもわたって大自然より生まれ大自然に帰っていく生死の連続を歌っている。キリスト教というよりも、現代風スピリチュアリティの先駆のようなものだ。「死についての考察」を意味するThanatopsisという造語は、日本語「死生観」を思わせるもので、教会的来世観の相対化が進みつつあることがうかがわれる。

死後の懲罰の通俗的ビジョンも軟化が進んだ。英国のディケンズの名作『クリスマス・キャロル』の中で、吝嗇家《りんしょくか》のマーレイは生前大事にしていた金庫や鍵束や台帳などを引きずって歩くという煉獄（？）の亡者の姿で出現し、同じく吝嗇家で勤勉主義者の主人公スクルージは自らの自己中心の罪業により暗き墓場の死を宣告されそうになる。死をめぐるこうしたイメージは、自己中心は神の道に背くという教え以外の点では、伝統的な教説とは異なる作家の創作である。しかし、ディケンズのメッセージはキリスト教的なものとして一般社会に受け入れられた。

近現代においては、地獄は悪い奴を焼いたり煮たりする物理的空間というよりも、他者に対して心を閉ざした頑なな魂が陥る、精神の絶対零度のようなものに変わりつつある。ドストエフスキーの『カラマーゾフの兄弟』（一八八〇年）において、知的で精神が不安定なイワンの前に紳士の姿で現われたリウマチ持ちの悪魔は、零下一五〇度の宇宙空間の果てからやって来たと称している。

一九六五年に刊行された英国生まれの多才な文化人類学者、ジェフリー・ゴーラーの『死と悲しみの社会学』は、二〇世紀前半における人々の死と喪に対する態度の社会的変容に注目し、のちに死生学の基礎研究者として有名になるフランスの歴史家フィリップ・アリエスに影響を与えた。

ゴーラーが一九六三年に行なった比較的素朴なアンケート調査の結果によれば、正統的なキリスト教教理を奉じていて、最後の審判に何らかの形で言及した英国人は、三五九人中一一名にすぎなかった。来世を信じない者、半信半疑の者はそれぞれ全体の四分の一を占めている。来世を信じるが具体的イメージのない者は約一五パーセントの割合であった。教会に行かず祈る習慣もない人と、来世を信じない人とは分布パターンとして合致した。信じない人は女性より男性のほうが倍ほど多かった。最も多い回答は、死者が来世から地上の愛する者たちを見守っているとか、死後に彼らと再会できるというビジョンであった。死後は漠然と幸福な状態に向かうという意見も多かった。地獄的なものへの言及はほとんどなかったようだ。

全般的に、キリスト教の正統神学から不可知論や心霊主義のほうに流れていった感じであり、仏教的教説から儒教的不可知論や草葉の陰のほうに流れていった日本的霊性のパターンに似ている。これが二〇世紀半ばの英国人の「死生観」の現実だったのだろう。

興味深いのは、七〇年代以降の欧米社会で臨死体験が話題となったとき、とくにアメリカ人などは死後に光の存在としての絶対者の臨在を感じ取り、それをキリストと受け取る人も多かったことだ。ここには審判はないし、地獄もないので、臨死体験そのものを悪魔のたぶらかしとする教会人もいた。しかし、三途の川を見る日本人や閻魔王の白洲に立つインド人の場合と比較したとき、キリストの登場するアメリカ的臨死体験が大雑把にキリスト教文化圏のものだとは言えるだろう。

死生学とグリーフケア

伝統的な宗教は、人生と来世の関係をめぐる説法という形で、また病棟での看護や葬儀の実行という形で、理論的にも実践的にも死にかかわってきた。現代の先進国でその役割を果たそうとしているのが、死生学である。ただし神仏の権威の名によってではなく、実証的な検証の上に立って、である。

たいていの学問と同様、死生学的研究も、欧米に始まった。英語ではThanatologyといい（サナトス／タナトスはギリシア語で「死」）、Death Studiesとも呼ばれている。先述のジェフリー・ゴーラーやフィリップ・アリエスなどが初期の基礎的な研究として知られている。ゴーラーもアリエスも、西欧における死と喪の習慣がそれと気づかれない形で時代とともに変化していったこと、とくに現代的態度が「幸福を維持するための死のタブー視」（『死と歴史』、七六頁）にあることを指摘した。現代西洋人が――そして日本人も――喪の期間を省き、死とじっくり向き合うことがなくなったというのは、定説となった。

終末期医療において自らの死と向き合う患者の心の問題を提起したエリザベス・キューブラー＝ロスの業績も重要だ。彼女は臨死体験をめぐってオカルト的な見解をもっていたが、死生学関係者はそうした側面は無視することにしているようだ。

家族の死を経験した者たちの悲嘆《グリーフ》に対処するケアの実践はグリーフワークないしグリーフケアと呼ばれる。日本には八〇年代よりカトリックの神父アルフォンス・デーケンが導入しており、仏教界でもビハーラ――サンスクリット語で意味は「休息の場所、精舎」――の運動として、同様のことを試みるようになった。八〇年代は日本において死生学の認識が広まった時期である。

ちなみに、宗教の後退した現代にあっても、やはり死をめぐる文化の基盤として、来世観の伝統の長いキリスト教や仏教（そして海外ではイスラム教など）の存在感は大きい。ただし、実践者がどの宗教に立つのであれ、死後の運命を説法するためではなく、あくまで悲嘆のケアをするのが目的である——というあたりが前近代とは違うところだ。

「宗教学」もそうであるが、「死生学」はがっちり体系化された学問ではなく、医療を中心に、死をめぐる問題領域をゆるやかにつなぐ学際的な学問である。医療方面では、臓器移植などの倫理的判断をめぐる議論もこれに含まれる。

より広く、社会生活一般における死との向き合い方に関する研究もある。すなわち、生命の尊厳についての道徳教育はどうあるべきか？　自殺をどう考えたらよいのか？　死の現場としての戦争や刑罰についてはどうか？　近代国家が国民・兵士の死をどう判断してきたか？　世界の各地で葬儀はどのように行なわれているのか？　墓はどうか？　慰霊ないし追悼の仕方は？　前近代的なものを多く残す各地の伝統社会では、生と死に対してどのような見方、どのような態度が見られるか？

さらに、自然環境、とくに動植物の生命についての科学的・哲学的探究も、死生学の射程内に入っている。

臓器移植問題をめぐっても、臨死体験言説をめぐっても、自殺の問題をめぐっても、やはりしばしば問題となるのは、死をめぐる態度の文化や地域や基層的宗教ごとの違いの影響であるようだ。

葬儀をめぐっては、とくに日本では、形骸化した葬式をどうするか、未来の死の儀礼はどうなるのかという問題に対する世間一般の関心が高い。これには寺院経営の問題なども絡んでいるが、社会の変化によって昔風の地域ぐるみの葬儀が出せなくなってきたということもある。輪廻であれ浄土であれ伝統的な宗教の神話が信じられなくなった時代には、もはや伝統的な葬儀や供養の形式が意味をなさなくなった。また、無視できないのが、ペットの葬式とお墓をめぐる問題である（ペットはもはや伝統的な意味での「畜生」ではなく、家族と認識されるようになっている）。

死生学的関心はかように多様に広がっている。逆に言うと、あえて「死生学」とまとめて捉える必要はないとも言える。

死の通説を検証する哲学

序章で紹介したシェリー・ケーガンは、イェール大学で死の哲学について入門的講義を行なってきた。その講義の内容をまとめた二〇一二年の『「死」とは何か』は、死をめぐる無数の哲学的トピックを論じている（序章ですでに触れた二元論vs物理主義の問題、生死の境界線の問題、臓器摘出の問題、誕生以前の非存在との違い、不死が生き地獄とならないものか、死を前提とした人生の質の測り方、死をめぐるキリスト教的態度と仏教的態度の違い……)。

このような哲学的議論の効用は、通念や通俗的主張の問題点が示されることで、死と生に対する我々の態度をいっそう慎重にするということだ。もちろん、哲学は宗教の啓示と違って、死と生について「こう考えよ」という規範的指示を与えるものではない。

要するに、現代の我々は、死の問題をめぐって、宗教が提供してきたような決定的な基盤(と称するもの)に立つことはできない。だからこそむしろ死に直面する種々の人々の生のあり方に対して、慎重に共感したりケアしたりする実践の意味が大きくなるのだろう。

(なお、本章の記述のうち、日本人の死生観の歴史や死生学の概要に関しては、島薗進著『日本人の死生観を読む』、加藤咄堂著『死生観』巻末の同氏の解説、島薗進・竹内整一編『死生学［1］』などに示唆を受けたところが大きい。ただし筆者の解釈を多々加えてある。)

終　章　現代人にとって「死」とは何か――「自然に帰る」の意味

親しい者の突然の不在を受け入れることのできない、我々自身の認知の仕組みが、死者の霊魂なるものを生み出したのではないか、と序章に書いた。各章で見てきたように、古典的大宗教は、この問題に現世の倫理のあり方の問題を絡み合わせ、霊魂の行方を天国・地獄、善き転生と悪しき転生と規定した。日本にはより素朴な来世観も残存したが、それでも仏教の地獄・極楽の構図が中世には強い規範となったのであった。

宗教の役割が後退した現代社会では、人々は死をまったくの無と割り切るなり、自然への帰還とするなり、何らかの形の旅の始まりと見なすなりして、自らの「死生観」を自由に語るようになった。宗教家は来世についての道徳的な説教を次第に控えるようになり、死に直面する人々をケアするという役割に使命を感じるようになってきた。

「宗教は本質的に人々に寄り添うはずのものだ」と現代人は考える。しかしそれは歴史的には真実とは言えないだろう。個人への寄り添いは宗教の普遍的本質ではなく、歴史の流れの中でそのように変わってきたのである。

過去の時代のワイルドな来世観

振り返ってみると、古代・中世人の死と死後のビジョンは、決して現代人好みのものではなかった。『古事記』の黄泉国は腐乱死体の住まう国である。古代ギリシア人も冥界を悲哀に満ちたところと考えていたし、旧約の神は死者にまったく冷淡だった。宗教のあり方からして、現代人の神経を逆なでするようなものであった。旧約の神はイスラエルの民を奴隷状態から解放したとされるが、イスラエルが占領すべき土地の民については容赦なく虐殺を命じ、敵に情けをかけるのを許したりはしなかった（「申命記」七章、二〇章）。ひどい話だが、古代においては世界中の神々がこんな調子だったのだ。

キリストが人類のために贖罪したと言われる新約の御世《みよ》になっても、犯した個々の罪に対する悔悛の懲罰がかなり細かく規定されていた。夢精のような現代では罪に数えられないようなものも、長々と悔悛の祈りを唱えなければならない罪なのであった。悔悛行はしばしば長期にわたり、現代の標準では教会のほうが虐待で訴えられそうだ。

キリスト教でも仏教でも、他のたいていの宗教においても、前近代には地獄の説法で人々を脅すということを盛んに行なっていた。怨霊や悪魔も動員された。近現代と違って国家の警察や司法のシステムが整っていない時代においては、村八分、敵討ちなどと並んで地獄や呪いの恐怖が犯罪を抑止したのだろう。昔の社会では、宗教は世の中に秩序を与える厳しい規範であり、アメとムチということで言えば、ムチの側面が明らかに強かったのだ。

古代の人々の思考はごく自然に呪術的であった。仏教の開祖は心理学的セラピストなのではなく、オカルトめいた輪廻思想を前提として説法していた。原初のキリスト教徒はただ隣人愛に目覚めたのではなく、物理的な終末とキリスト再臨を今か今かと待っていた。今日の標準では、カルトと呼ばれても仕方がない。

そんな次第であるから、古代から一八世紀まで、輪廻と終末を核とする数々の形而上的信念が想像力の大きな部分を占めていた時代の人生観と来世観は、科学と資本主義と福祉国家の実務的なやり取りが生活の大部分を占拠している現代の死生観との間に大きなギャップがあって当然なのである。

そもそも昔は、世界そのものが暴力的であった。飢饉などの災害は苛烈で、自然界は危険な獣に満ちていた。乳幼児死亡率は高く、疫病がしばしば襲い、日常生活の中のちょっとした怪我でも命取りとなった。犯罪が蔓延し、しじゅう戦争があった。身分差別があり、子供は小さなうちから働かされた。死の表出・表現に対する人々一般の感性も異なっていた。一八世紀のロンドン市民は絞首刑見物を娯楽と考えていたが、同じ頃の江戸市民は極悪人の市中引き回しを見物し、その「さらし首」を日常的に見ることができた。

我々の感性は時とともに繊細になった。死が日常にあふれていた昔の社会に関して「現代社会のように死を日常世界から隠すことがなかった」「死と直接向き合った」と言われたりもするが、それをあまり美化して捉えるのは考えものだ。昔の社会では死を招く暴力も嗜虐的な感性も、市民権を得ていたのだから。

死の問題の回帰

欧米社会や日本などでは、近代化とともに生活感覚も死に対する感性も変わり、伝統的宗教の来世の教えの権威は下落した。日常世界から暴力が放逐されたように、死後のビジョンに地獄のシーンが登場することもめっきり減った。

伝統宗教の死に対する公式見解が顧みられなくなることによって、オカルト的な来世観が噴出するということもあったが、基本的には、我々は死をめぐる二つの認知的事実に改めて直面することになったと言えそうだ。

二つの認知的事実とは、序章2節に書いた次の二つである。

①死が物理的な崩壊、精神的な消失であるということ。

②（遺族や親友にとって）死者の存在感はにわかには消えないということ。

これが人類にとっての変わらぬジレンマだ。

我々は再びこの二つの問題に、素手で立ち向かわなければならない。それが死生観を語るということの意味である。

伝統宗教が説いていた死後の倫理的裁き（いわゆる地獄行き・天国行き）については、論じることにもはやほとんど意味はない。もちろん道徳がどうでもよくなったのではない。善行（正直や親切）はいいことだし、悪行（盗みや殺し）は悪いことだ。

しかし、それ以上については世俗の倫理学や精神医学、社会構造の統計調査や実態調査を含む社会科学の議論に任せるべきだと多くの人が考えるようになっている。かつて天国地獄についてもっともらしいことを説きつつ魔女を火炙りにしたり、先天性の疾患が前世の報いとしたり顔で説いてきたことを、今日の宗教は恥じている。不殺生を説くのは仏教の美徳であったが、猟や漁で暮らさなければならない民衆に地獄行きの恐怖を植え付けたのは今日的に見れば精神的虐待であった。宗教が文明を支え、数々の美徳を世に広めたことも事実だが、「そもそも宗教的思考様式に倫理を適切に扱う能力が本当にあるか」を真剣に問わなければならないのだ。

一方では死の覚悟、他方では死者の霊の実感

さて、①死は消失である、②死者の存在感はにわかには消えない、という二つの命題について、もう少し考えよう。

自分自身の死（死生学では「一人称の死」のようにも言う）について考えるとき、基本的には①の問題をどう覚悟するかが死生観的テーマとなる。自分は死ぬ。自分は無になる。

これについては、「自分が無になっても、そのことを悲嘆する自分がいないのだから、とくに悲しいことは何もない」という意見も多い。そう割り切れる人は幸いだ。

むしろ、実際的な問題は、無になるまでの時間の過ごし方のほうであるかもしれない。余命があまり期待できない人にとって、時間がないという事実は、それ自体がパニックを呼ぶようなものだ。この場合、パニックに呑み込まれないような精神的鍛練が必要だということになる。坐禅によって？ 信仰によって？ あるいは、今の一瞬に生命の充溢《じゅういつ》を感じ取れる——という意味で無時間的ないし永遠的な——美学的な生によって？

次に、愛する他者の死（「二人称の死」とも呼ばれる）について考えるとき、①の命題によって大いに悲嘆しつつも、②の命題に真実味を感じる人が多い。死んだはずの人は生きている！ 科学の側からは、これに対しては認知構造が生み出す幻想の可能性を指摘できる。しかし、人生の大事な瞬間には、科学よりも自分の感覚のほうを重視する人も多いだろう。

東日本大震災では、多くの人が一瞬のうちに津波に吞まれて亡くなった。遺された者たちにとってそれはあまりにも急激な展開であり、「愛する者が存在世界から消失したとは信じられない」という事態がしばらくは続いた。死者の霊を見た、感じたという話が多く語られ、社会学者やジャーナリストがたくさん事例を採取している。たとえば東北学院大学の金菱《かねびし》清《きよし》ゼミナール、「ザ・タイムズ」紙のリチャード・ロイド・パリーなどだ。

現地の僧侶や霊能者も、霊の実在性をめぐる相談を無数に受けた。これについては、（イタコなどの伝統のある）東北らしい現象と見る人もいるし、そもそも宗教というよりも霊魂信仰の根強い日本らしい現象とも、より広く、東アジアらしい現象とも、あるいは西洋を含めて世界に普遍的な現象とも捉えられている。

ここで興味深いのは、このような状態におけるケアを行なったり聞き取りを行なったりした人々の多くが、報告された事例を必ずしも「事実」と認めているわけではない一方で、単なる心理現象や願望表現として完全に割り切った捉え方もしていないという点である。それは遺族感情への配慮であろうか？　聞き取り調査の一般的礼儀であろうか？　それとも、事象の実在する可能性がゼロではない限り、実在の側に賭けておくほうを健全と見なす、宗教一般に見られる思考が生きているということであろうか？

序章で紹介したダニエル・デネットは、少なくとも現代社会における宗教現象の実態はかなりの程度「信仰の信仰」なのではないかと考えている。「神はある」「来世はある」というのが信仰だとすると、「神を信じるのはよいことだ」「来世を信じるのはよいことだ」という信仰にやさしい倫理的信念のようなものが、信仰の信仰である。

この場合、コアな宗教信者と宗教シンパとの境界線は曖昧となる。無神論者が嫌われるのは「神はない」と言い切ってしまうからだが、無神論者に対して有神論を擁護する世俗的知識人の多くは、個人的には「神はある」と信じているのではなく、「神を信じることはいいことだ」「神を信じる人を信じるのはいいことだ」と信じているのであるらしい。このような芸当ができるのは、人間には指向的構え（序章2節参照）を幾重にも展開できる認知力があるからである。

東日本大震災の霊の場合、死者の霊を体験した人も、それを語る人をケアする僧侶や霊能者も、それを取材するジャーナリストや社会学者も、「霊が出た」「霊が出たわけではない」の境界線についてあえて言挙げしない、「霊を否定しないのはいいことだ」のあたりを議論の落としどころと捉えているように思われる。

島薗進《しまぞのすすむ》によれば、ある在宅医は、死を迎えようとしている人が先に亡くなった人の存在を感じるというお迎え現象に関して、「（大事なのは）あの世があるかないかではない、あの世を感じるか感じないかだ」とコメントしている（『なぜ「救い」を求めるのか』、一八七頁）。

これは宗教的来世観を文字通りに肯定する立場ではないが、それを単に否定するのではなく、死後の世界をめぐる伝統的な言説が、死を迎えるプロセスに、ある種の積極的な役割を果たすということを認める立場だ。

人の死を前にした極限の場面においては、やはり「信仰の信仰」的な境界線の思考がものを言うということであろう。このような形で、現代の死生観言説は――少なくともその有力な立場の一つは――、伝統的宗教の来世観言説に一つの限定的な役割を認めようとしている。

かつて宗教は自らを事実的命題の主張者だと規定していた（今でも保守的な宗教家はそう信じているし、イスラム圏などではそう考えるほうが今日でもふつうだろう）。しかし、現代社会において人々の抱える問題にどこまでも寄り添おうというほどの人々は、大事なのは事実をめぐる命題ではなく、心が癒されていくプロセスなのだと感じている。

多くの場合、癒されていくにつれて、霊現象が事実上現われなくなっていく。霊自身が自己の死を納得し、生者を邪魔しなくなるということか？　霊現象の体現者自身がそれを自らの心理的・社会的プロセスであると受け入れられる段階に達したということか？　そんなことをめぐってさえも、言挙げする必要はないのかもしれない。

自然に帰る？

現代に流通する死の語りの中には、自己の消失を認めるかに見えて、ひそかに死後の存続に賭けているようなものがある。つまり唯物論のように見えて、実はアニミズムであるような、そんな言説である。

英語の子供向け無神論ガイドの小冊子を眺めていると、「無神論者はふつう、私たちの体は大地に帰り、自然の一部になると信じています。死について考えるのは怖いことだとしても、私たちがみな大地の一部に再びなると知るのは慰めになるかもしれません」と書いてあった（ジェシカ・ソープ『子供のための無神論』）。

この書き方は微妙である。死ねば大地（自然）に戻るというのが、なぜ慰めになるのだろうか？ あらゆる人間が同じプロセスを経るのだから、とくに突出した出来事は何もない、孤独ではないということか？

それとも、死ねば大地の一部として存続できるのだから、一種の不死を得るということか？ しかし、身体という物質が大地と一体化するからといって精神の安心とはならないからこそ、宗教があるのであったはずだ。

では、精神的な次元もまた自然に帰るのか？ だが、それが意味するのは——精神が自然をバックにフェードアウトするというのでないとしたら——自然そのものに精神的次元があって、そこに融合するということだろう。これは「大いなる自然」のような霊的存在（大地母神？）に帰っていく汎神論もしくはアニミズムと区別しがたい主張のように思われる。

もしそうなら、これは、無神論ないし唯物論（神も霊もないという立場）と汎神論ないしアニミズム（自然界は霊的にできているという立場）との違いをあえて論じない（言挙げしない）ことにしておく、という信仰の信仰タイプの思考だということになるだろう。

同様のことは二〇〇六年に流行った歌「千の風になって」についても言える。この歌では、死者が聴き手に向かって、私の墓の前で泣かないでくれ、と歌っていた。死者は墓にいるのではなく、煌《きら》めく雪になったり夜空の星になったり千の風になって大空を吹き渡っていたりするのである。つまり自然に帰っている。これは一見唯物論的でありながら、やはり汎神論・アニミズム的だ（死者自身が歌っているのだから）。この歌は作曲者新井満《あらいまん》が歌詞をつけているが、原詩はアメリカで書かれ、ニューエイジ世代に共有されているものである。原詩の内容は日本語の歌詞とほぼ同じだ。

ここにも、「死後はない」「死後はある」の境界線について言挙げしない態度が見られる。これが死生観世代である近現代人の、死の語りについての落としどころなのかもしれない。

結論

本書では「死後の霊魂は実際には存在しないだろう」という前提から出発した。しかし、人間の認知や言語の仕組みは歴史的に、この前提に抗《あらが》う方向で発展してきたのであった。人間の心は「霊魂はある」と思いたいらしい。ＰＡＲＴⅠで取り上げた古代の冥界神話も、ＰＡＲＴⅡ以降で取り上げた古典的宗教の応報的な来世観もまた、そうした性向の産物であった。

さて、これもまた序章に書いたことだが、死後の意識の存続の証拠はないとしても、死後の消滅が完全に立証されているわけでもない。だとしたら、死にゆく人にとって――というか生きているすべての者にとって――由々しき一大事である死に関して、霊魂としての存続の奇跡に賭けることをとやかく言うべき筋合いではないのかもしれない。

これは公平性ないしバランスの問題である。たとえば困窮する人間が奇跡やオカルトを頼りにすることを批判することはできるが、一般の幸福な者たちもまた、とくに根拠もなく私的ジンクスを信じていたり神話めいた自己実現を夢見ていたりする。社会全体としても、あてにならない政策や未来論に熱狂することなどしょっちゅうだ。責めやすい者だけ責めるわけにはいかない。同様に、生きている間に無数の神話から希望の糧を得ている我々が、死に関してのみ厳格に科学的に判断すべきだと頑張ってみせるのもまたアンバランスな姿勢と言うべきである。

さらに次のような点も考慮する必要がある。

死後も霊魂が存続すると考えたくなるのは、生きているときの意識が宇宙の始まりや宇宙の果てを論じ、イデア界やSF的可能世界に思いを馳せ、定義上自分を超えたものを自分のことのように観想し、主観的にではあれ身体を抜け出ている、という事実にもよる。生きている間からいわば身体を超出しているのだから、死後に身体の制約を失った状態で生存し続けたっていいではないか？――それが意識の言い分だ。形而上学的な言い分である。

この形而上学的領域を、具体的な物語で埋め尽くしてきたのが伝統的な宗教である。しかるに、それらの提示する六道輪廻、極楽浄土、幽冥界、煉獄、終末の審判および天国と地獄といった相互にひどく相違したあれこれの神話の中から一つを選んでそれを自らの死後、あるいは親しい他者の死後として納得することは、情報に曝《さら》されて暮らす現代先進国の大半の市民にとって著しく困難になった。そのハードルを越えるよりは、因習的教理から比較的自由な「自然への帰還」を語り出すか、神話性の脱色された「天国への上がり」を語るほうがずっと容易なのである。

なるほど厳密に言えば、自然への帰還のビジョンはアニミズムないし汎神論の一種であるのかもしれない。とはいえ、自然が進化して人間の身体と意識を生み出したことは間違いないのであるから、死後の帰還先を自然と名付けるのは、神話としてはニュートラルな合理性にぎりぎり歩み寄ったものと言えるわけだ。

他方、天国への上がりという表現がよく使われるのは、愛する他者との死後における何らかの形での再会のシチュエーションを確保しておきたいからであろう。それは他者の意識を指向せずにはいられない人間の認知の構造がもたらすものだ。だからこういった天国（呼び名は「浄土」でも単なる「あの世」でもいい）のイメージもまた、シンプルな合理性のきわまで自らを削《そ》ぎ落とした最小限の神話だと言えるだろう。

自然への帰還は本来身体的である精神の本性についての極限の表現であり、天国での再会は本来社会的である精神の本性についての極限の表現なのだ。

どちらも唯物論的な合理性そのものではない。といって伝統的な意味での信仰でもない。それは懐疑主義や不可知論を排さない、「信仰の信仰」くらいの地位に甘んずる認識だ。あるいは、真実とレトリックの違いを言挙げしない、庶民的伝統に属する認識形態だ。その妥当性については議論の余地があるとしても、現代人のスピリチュアリティがここに居を構えていることは認識しておきたい。

これを歴史の長旅をしてきた本書の結論として、筆を擱《お》くとしよう。

あとがき

中公新書の拙著はいずれも世界の諸宗教の歴史と教理を簡単にまとめたものだが、そのうち『教養としての宗教入門』は総合ガイド、『聖書、コーラン、仏典』は宗教の文字言語的《ブッキッシュ》な側面のガイド、『宗教図像学入門』は宗教の視覚芸術的《ビジュアル》な側面のガイドという役割をもっている。

四冊目になる本書は、宗教と切っても切り離せない関係にある死の問題をめぐって、諸宗教の神話や教えや思想を批判的な視点を交えつつ総覧するガイドブックである。本書では、伝統宗教の規範的な来世観と、現代的な死の語りである死生観とを区別し、伝統的来世観を相対化して死にじかに面するようになった現代人にとっての問題、課題にも踏み込んで書くようにした。

宗教が語ってきたような死と死後のビジョンは曖昧で不安定なものである一方で、それを求めるのは、希望抜きでは生きられない人間の本性にかなうことでもあった。このテーマは、終章に書いたようにデネットなどの示唆する「信仰の信仰」の問題につながっているが、もうひとつ一般化して捉えるならば、歴史的に宗教が果たしてきた「駆け込み寺」的な避難所、すなわちアジール＝アサイラムのテーマにもつながっているだろう。希望を奪われた者たちが、希望をつなぐ最後の保護空間である。

というわけで、結果として本書は宗教の神話を希望のロジックないしレトリックへと煮詰めるものとなった。今日、希望の駆け込み寺を提供するのが、伝統的な様式を備えた宗教である必然性はない。グリーフケアなどはそういう前提で営まれているものだろう。また、小説や映画から漫画やアニメまでの文芸作品や各種のサブカルチャーもまた、死の悼《いた》みであれマイノリティの願いであれ、希望という信仰を支援する様式となっている。

それからもう一つ、本書では来世神話をすっかり相対化してしまったが、それでも宗教の来世観のパターンが現代の我々の思考をも規定しているかもしれないことを簡単に示唆しておきたい。すなわち、第6章の最後に示唆したような、社会全体の変容と正義の実現に焦点をおく欧米社会の終末論型の来世観・死生観と、個人の転生や悟りを強調しつつおおむね保守的な体制順応をよしとしてきた東アジアの来世観・死生観との構造的な違いは、世俗化した現代においても屹立《きつりつ》しているのではないだろうか。

以上述べたような、二、三の含みをもつものとして、本書の記述がさらなる思索のきっかけを提供することができたなら、筆者としては望外の喜びである。

最後になるが、本書を提案され、初期の草稿に対して有益なご意見をお聞かせくださった楊木文祥氏、作業を引き継いで完成までご尽力くださった中央公論新社の胡逸高氏に謝意を述べたい。

二〇二四年九月

中村圭志

Christopher Hitchens, *The Four Horsemen–The Discussion That Sparked an Atheist Revolution*, Bantam Press, 2019
Michael Nahm, "Albert Heim（1849-1937）: The Multifaceted Geologist Who Influenced Research Into Near-death Experiences and Suggestion Therapy," *EXPLORE*, Vol. 12 Issue 4, 2016
Jessica Thorpe, *Atheism For Kids*, Winter House Books, 2016
David Sloan Wilson, *Darwin's Cathedral – Evolution, Religion, and the Nature of Society*, The University of Chicago Press, 2002

図版出典

図１－２　『日本美術全集』11巻「信仰と美術」図版５、小学館
図７－６　The roads to Heaven and Hell - digital file from original item. Library of Congress.
図９－１　The Court of Yama, God of Death. LACMA Collections
図10－１　Culto di dharmachakra, da amaravati, distretto di guntur, andhra pradesh, II secolo dc.jpg - Wikimedia Commons
図10－２　Buddha recliningwsuthat.jpg - Wikimedia Commons
※他の画像は、Wikipedia Commons（public domain）から引用した

――『21世紀の啓蒙――理性、科学、ヒューマニズム、進歩』(上・下)、橘明美、坂田雪子訳、草思社、2019
レヴィ・ブリュル『未開社会の思惟』(上・下)、山田吉彦訳、岩波文庫、1953
エドワード・ブルック＝ヒッチング『地獄遊覧　地獄と天国の想像図・地図・宗教画』、藤井留美訳、日経ナショナルジオグラフィック、2023
メアリー・ボイス『ゾロアスター教　三五〇〇年の歴史』、山本由美子訳、講談社学術文庫、2010
パスカル・ボイヤー『神はなぜいるのか？』、鈴木光太郎、中村潔訳、NTT出版叢書コムニス6、2008
レイモンド・ムーディ『かいまみた死後の世界』、中山善之訳、評論社、1989
A・リチャードソン、J・ボウデン編『キリスト教神学事典』、古屋安雄監修、佐柳文男訳、教文館、2005
ジャック・ル・ゴッフ『叢書・ウニベルシタス　煉獄の誕生』、渡辺香根夫、内田洋訳、法政大学出版局、1988

Scott Atran, *In Gods We Trust: The Evolutionary Landscape of Religion*, Oxford University Press, 2002
Ruth Benedict, “Serrano Tales,” *The Journal of American Folklore*, 39 (151), 1926
Olaf Blanke & Christine Mohr, “Out-of-body experience, heautoscopy, and autoscopic hallucination of neurological origin: Implications for neurocognitive mechanisms of corporeal awareness and self consciousness,” *Brain Research Reviews,* 50, 2005
Olaf Blanke & Sebastian Dieguez, “Leaving Body and Life Behind: Out-of-Body and Near-Death Experience,” S. Laureys and G. Tononi (Eds.) *The Neurology of Consciousness*, Academic Publishers, 2009
William Cullen Bryant, *Poetical Works of William Cullen Bryant*: Project Gutenberg, https://www.gutenberg.org/ebooks/29700
Jeffrey Campbell, *The Ars Moriendi – An examination, translation, and collation of the manuscripts of the shorter Latin version*, 1995:
https://dam-oclc.bac-lac.gc.ca/eng/d1e6eb5e-0a9a-4936-b820-68d9f13ef596
Dorothy Ayers Counts, “Near-Death and Out-of-Body Experiences in a Melanesian Society,” *The Journal for Near-Death Studies*, 3 (2), 1983
Arthur Conan Doyle, *The New Revelation*: https://www.arthur-conan-doyle.com/index.php / The_New_Revelation#II._The_Revelation
Stephen Fry, Richard Dawkins, Daniel C. Dennett, Sam Harris, &

――『プロテスタンティズムの倫理と資本主義の精神』(改訳)、大塚久雄訳、岩波文庫、1989
ポール・エドワーズ『輪廻体験――神話の検証』、皆神龍太郎訳、太田出版、2000
ミルチア・エリアーデ編『世界宗教史』1～8、中村恭子、松村一男、島田裕巳、柴田史子、鶴岡賀雄、奥山倫明、木塚隆志、深澤英隆訳、ちくま学芸文庫、2000
ウィリアム・シェイクスピア『新訳　ハムレット』、河合祥一郎訳、角川文庫、2003
ジャネット・オッペンハイム『英国心霊主義の抬頭』、和田芳久訳、工作舎、1992
T・H・カーペンター『図像で読み解くギリシア神話』、眞方陽子訳、人文書院、2013
イヴォンヌ・カステラン『心霊主義――霊界のメカニズム』、田中義廣訳、文庫クセジュ、白水社、1993
エリザベス・キューブラー＝ロス『死ぬ瞬間――死とその過程について』、鈴木晶訳、中公文庫、2001
――『死、それは成長の最終段階――続 死ぬ瞬間』、鈴木晶訳、中公文庫、2001
――『「死ぬ瞬間」と死後の生』、鈴木晶訳、中公文庫、2001
フランツ・キュモン『古代ローマの来世観』、小川英雄訳、平凡社、1996
ピンカス・ギラー『知の教科書　カバラー』、中村圭志訳、講談社選書メチエ、2014
フランソワ・グレゴワール『死後の世界』、渡辺照宏訳、文庫クセジュ、白水社、1992
シェリー・ケーガン『イェール大学で23年連続の人気講義　「死」とは何か［完全翻訳版］』、柴田裕之訳、文響社、2019
アブラハム・コーヘン『タルムード入門』Ⅲ、市川裕、藤井悦子訳、教文館、1997
ジェフリー・ゴーラー『死と悲しみの社会学』、宇都宮輝夫訳、ヨルダン社、1986
ロビン・ダンバー『宗教の起源　私たちにはなぜ〈神〉が必要だったのか』、長谷川眞理子解説、小田哲訳、白揚社、2023
ダニエル・デネット『解明される宗教――進化論的アプローチ』、阿部文彦訳、青土社、2010
リチャード・ロイド・パリー『津波の霊たち　3・11　死と生の物語』、濱野大道訳、早川書房、2018
スティーブン・ピンカー『暴力の人類史』(上・下)、幾島幸子、塩原通緒訳、青土社、2015

参考文献

野口鐵郎、福井文雅、山田利明、前田繁樹編『道教と中国思想』(「講座道教」四)、雄山閣、2000
橋本泰元、宮元久義、山下博司『ヒンドゥー教の事典』、東京堂出版、2005
服部正明『古代インドの神秘思想』、講談社現代新書、1979
早島鏡正、高崎直道、原実、前田専学『インド思想史』、東京大学出版会、1982
廣松渉、子安宣邦、三島憲一、宮本久雄、佐々木力、野家啓一、末木文美士編『岩波哲学・思想事典』、岩波書店、1998
藤原聖子『三大宗教　天国・地獄 QUEST――伝統的な他界観から現代のスピリチュアルまで』、大正大学出版会、2008
増尾伸一郎、丸山宏編『道教の経典を読む』、大修館書店、2001
松原國師『西洋古典学事典』、京都大学学術出版会、2010
宮沢賢治『宮沢賢治全集』7(「銀河鉄道の夜」所収)、ちくま文庫、1985
森三樹三郎『中国思想史』(上・下)、レグルス文庫、第三文明社、1978
森本達雄『ヒンドゥー教――インドの聖と俗』、中公新書、2003
柳田國男『柳田國男全集』4(「遠野物語」所収)、ちくま文庫、1989
――『柳田國男全集』13(「先祖の話」所収)、ちくま文庫、1990
山内眞監修『新共同訳　新約聖書略解』、日本基督教団出版局、2000
山崎元一、小西正捷編『南アジア史1　先史・古代』(世界歴史大系)、山川出版社、2007
山谷省吾、高柳伊三郎、小川治郎編『増訂新版　新約聖書略解』、日本基督教団出版局、1986
山本健治『地獄の経典――「正法念処経」の地獄136全解説』、サンガ、2018
吉本隆明『死の位相学』、潮出版社、1985
和辻哲郎『孔子』、岩波文庫、1988

タラル・アサド『宗教の系譜――キリスト教とイスラムにおける権力の根拠と訓練』、中村圭志訳、岩波書店、2004
フィリップ・アリエス『死と歴史――西欧中世から現代へ』、伊藤晃、成瀬駒男訳、みすず書房、1983
――『死を前にした人間』、成瀬駒男訳、みすず書房、1990
――『図説　死の文化史――ひとは死をどのように生きたか』、福井憲彦訳、日本エディタースクール出版部、1990
ロナルド・イングルハート『宗教の凋落?　100か国・40年間の世界価値観調査から』、山崎聖子訳、勁草書房、2021
マックス・ウェーバー『儒教と道教』、木全徳雄訳、創文社、1971

朝日新聞出版、2012
——『死生観を問う——万葉集から金子みすゞへ』、朝日新聞出版、2023
——『宗教のきほん　なぜ「救い」を求めるのか』、NHK出版、2023
島薗進、竹内整一編『死生学［1］死生学とは何か』、東京大学出版会、2008
島田裕巳『人は死んだらどこに行くのか』、青春新書インテリジェンス、2017
清水俊史『ブッダという男——初期仏典を読みとく』、ちくま新書、2023
浄土真宗本願寺派総合研究所編『浄土真宗辞典』、本願寺出版社、2013
末木文美士『思想としての仏教入門』、トランスビュー、2006
——『日本仏教入門』、角川選書、2014
末木文美士、小栗栖健治他『カラー版　地獄絵の日本史』、宝島社新書、2021
髙畠純夫、齋藤貴弘、竹内一博『図説　古代ギリシアの暮らし』、河出書房新社、2018
田川建三「『ポリュカルポスの殉教』解説」、荒井献編『使徒教父文書』、講談社文芸文庫、1998、所収
多田一臣『柿本人麻呂』、吉川弘文館、2017
立花隆『臨死体験』（上・下）、文春文庫、2000
——『証言・臨死体験』、文春文庫、2001
手塚儀一郎、浅野順一、左近義慈、山崎亨、松田明三郎、船水衛司編『口語　旧約聖書略解』、日本基督教団出版局、1957
道家英穂『死者との邂逅——西欧文学は〈死〉をどうとらえたか』、作品社、2015
中村生雄『祭祀と供犠　日本人の自然観・動物観』、法藏館、2001
中村圭志『亜宗教——オカルト、スピリチュアル、疑似科学から陰謀論まで』、インターナショナル新書、集英社インターナショナル、2023
中村元『東洋人の思惟方法Ⅲ　日本人の思惟方法』（「中村元選集［決定版］」第3巻）、春秋社、1989
——『ヴェーダの思想』（「中村元選集［決定版］」第8巻）、春秋社、1989
——『ウパニシャッドの思想』（「中村元選集［決定版］」第9巻）、春秋社、1990
——『古代インド』、講談社学術文庫、2004
中村元、三枝充悳『バウッダ［佛教］』、小学館、1987
中村元、福永光司、田村芳朗、今野達、末木文美士編『岩波仏教辞典』第二版、岩波書店、2002
新渡戸稲造『現代語訳 武士道』、山本博文訳・解説、ちくま新書、2010
日本戦没学生記念会編『きけ わだつみのこえ』、岩波文庫、1995

参考文献

†一般書
青木健『ゾロアスター教』、講談社選書メチエ、2008
安蘇谷正彦『神道の生死観——神道思想と「死」の問題』、ぺりかん社、1989
大川玲子『聖典「クルアーン」の思想　イスラームの世界観』、講談社現代新書、2004
大塚和夫、小杉泰、小松久男、東長靖、羽田正、山内昌之編『岩波イスラーム辞典』、岩波書店、2002
大貫隆、名取四郎、宮本久雄、百瀬文晃編『岩波キリスト教辞典』、岩波書店、2002
荻原浅男『古事記への旅』、NHK ブックス、1979
加地伸行『儒教とは何か』、中公新書、1990
片山一良『『ダンマパダ』全詩解説　仏祖に学ぶひとすじの道』、大蔵出版、2009
加藤周一、M・ライシュ、R・J・リフトン『日本人の死生観』(上・下)、矢島翠訳、岩波新書、1977
加藤咄堂『死生観　史的諸相と武士道の立場』、書肆心水、2006
金菱清編『呼び覚まされる　霊性の震災学　3・11生と死のはざまで』、新曜社、2016
鎌田純一『神道概説』、學生社、2007
鎌田東二『霊的人間』、作品社、2006
唐木順三『唐木順三全集　増補版』第3巻、筑摩書房、1981
菅野博史『法華経入門』、岩波新書、2001
神原正明『天国と地獄——キリスト教からよむ世界の終焉』、講談社選書メチエ、2000
岸本英夫『死を見つめる心　ガンとたたかった十年間』、講談社文庫、1973
木田献一監修『新共同訳　旧約聖書略解』、日本基督教団出版局、2001
熊野純彦、下田正弘編『死生学2　死と他界が照らす生』、東京大学出版会、2008
高津春繁『ギリシア・ローマ神話辞典』、岩波書店、1960
小林登志子『古代オリエントの神々——文明の興亡と宗教の起源』、中公新書、2019
駒ヶ嶺朋子『死の医学』、インターナショナル新書、集英社、2022
斎藤忍随『プラトン』、岩波新書、1972
定方晟『須弥山と極楽——仏教の宇宙観』、講談社現代新書、1973
——『インド宇宙誌』、春秋社、1985
佐藤研『聖書時代史　新約篇』、岩波現代文庫、2003
島薗進『日本人の死生観を読む——明治武士道から「おくりびと」へ』、

2001

佐保田鶴治訳『ウパニシャッド』、平河出版社、1979
長尾雅人責任編集『バラモン教典　原始仏典』(「世界の名著」1)、中央公論社、1979
Patrick Olivelle (ed.), *The Early Upanishads-Annotated Text and Translation*, Oxford University Press, 1998
中村元訳『ブッダの真理のことば　感興のことば』、岩波文庫、1978
中村元訳『ブッダのことば――スッタニパータ』、岩波文庫、1984
V. Fausbøll, *The Sutta-Nipata*, Pali Text Society, 1923
S. Radhakrishnan, *The Dhammapada*, Oxford University Press, 1950
中村元監修、森祖道、浪花宣明編集『原始仏典』4【「聖求経」】、春秋社、2004
山邊習學訳『國譯一切經　經集部』八〜一一【「正法念処経」】、大東出版社、1933
中村元、早島鏡正、紀野一義訳註『浄土三部経』(上・下)、岩波文庫、1990
川崎信定訳『原典訳　チベットの死者の書』、筑摩書房、1989
石田瑞麿訳・解説『民衆経典』(「仏教経典選」12)【「地蔵経」】、筑摩書房、1986
川崎庸之責任編集『源信』(「日本の名著」4)、中央公論社、1983
石田瑞麿責任編集『親鸞』(「日本の名著」6)、中央公論社、1983

貝塚茂樹責任編集『孔子　孟子』(「世界の名著」3)、中央公論社、1978
加地伸行訳注『孝経』、講談社学術文庫、2007
小川環樹責任編集『老子　荘子』(「世界の名著」4)、中央公論社、1978
本田済、沢田瑞穂、高馬三良訳『抱朴子　列仙伝・神仙伝　山海経』(「中国の古典シリーズ」4)、平凡社、1973
倉野憲司、武田祐吉校注『古事記　祝詞』(「日本古典文学大系」1)、岩波書店、1958
坂本太郎、家永三郎、井上光貞、大野晋校注『日本書紀』(一)、岩波文庫、1994
佐竹昭広、山田英雄、工藤力男、大谷雅夫、山崎福之校注『万葉集』(一)(「新日本古典文学大系」1)、岩波書店、1999
石川淳責任編集『本居宣長』(「日本の名著」21)、中央公論社、1970
本居宣長『玉勝間』(上・下)、村岡典嗣校訂、岩波文庫、1934
相良亨責任編集『平田篤胤』(「日本の名著」24)、中央公論社、1984
平田篤胤『仙境異聞・勝五郎再生記聞』、子安宣邦校注、岩波文庫、2000

参考文献

†古典・教典

ヘシオドス『神統記』、廣川洋一訳、岩波文庫、1984

ホメーロス『オデュッセイアー』（上）、呉茂一訳、岩波文庫、1971

Euripides, *Alcestis*.（Perseus Digital Library, Tufts University）

ウェルギリウス『アエネーイス』（上）、泉井久之助訳、岩波文庫、1976

Vergilius, *Georgicon*.（Perseus Digital Library, Tufts University）

オウィディウス『変身物語』（下）、中村善也訳、岩波文庫、1984

山本光雄訳編『初期ギリシア哲学者断片集』、岩波書店、1958

プラトン『ソクラテスの弁明』、納富信留訳、光文社古典新訳文庫、2012

プラトン『国家』（下）、藤沢令夫訳、岩波文庫、1979

田中美知太郎責任編集『プラトン』Ⅱ（「世界の名著」7）、中央公論社、1978

プラトン『パイドロス』、藤沢令夫訳、岩波文庫、1967

マルクス・アウレーリウス『自省録』、神谷美恵子訳、岩波文庫、改版2007

杉勇他訳『古代オリエント集』（「筑摩世界文学大系」1）、筑摩書房、1978

聖書協会共同訳『聖書　旧約聖書続編付き　引照・注付き』、日本聖書協会、2018

旧約聖書翻訳委員会訳『旧約聖書』Ⅰ～Ⅳ、岩波書店、2004～2005

新約聖書翻訳委員会訳『新約聖書』、岩波書店、2004

Biblia Hebraica Stuttgartensia, Fünfte verbesserte Auflage, 1997

Novum Testamentum Graece et Latine（Nestle-Aland）, 1984

日本聖書学研究所編『聖書外典偽典』、4（旧約偽典Ⅱ）、6（新約外典Ⅰ）、別巻（補遺Ⅱ）、教文館、1975～1982

関根正雄編『旧約聖書外典』（下）、講談社文芸文庫、1999

荒井献編『新約聖書外典』、講談社文芸文庫、1997

野上素一訳『ダンテ』（「筑摩世界文学大系」11）、筑摩書房、1973

Norman Solomon（ed.）, *The Talmud, A Selection*, Penguin Books, 2009

五百旗頭陽二郎責任編集『日亜対訳　注解　聖クルアーン』、日本ムスリム協会、1982

中田考監修『日亜対訳　クルアーン　［付］訳解と正統十読誦注解』、作品社、2014

牧野信也訳『ハディース　イスラーム伝承集成』Ⅰ～Ⅵ、中公文庫、

中村圭志（なかむら・けいし）

1958年北海道生まれ．東京大学大学院人文科学研究科博士課程満期退学（宗教学・宗教史学）．宗教研究者，翻訳家．昭和女子大学非常勤講師．

単著『教養としての宗教入門』（中公新書）
『教養としてよむ世界の教典』（三省堂）
『聖書、コーラン、仏典』（中公新書）
『西洋人の「無神論」日本人の「無宗教」』（ディスカヴァー・トゥエンティワン）
『24の「神話」からよむ宗教』（日経ビジネス人文庫）
『宗教図像学入門』（中公新書）
『亜宗教――オカルト、スピリチュアル、疑似科学から陰謀論まで』（インターナショナル新書）
『ビジュアルでわかる　はじめての〈宗教〉入門』（河出書房新社）など．

死《し》とは何《なに》か
中公新書 *2827*

2024年10月25日発行

著　者　中村圭志
発行者　安部順一

本文印刷　三晃印刷
カバー印刷　大熊整美堂
製　　本　小泉製本

発行所　中央公論新社
〒100-8152
東京都千代田区大手町 1-7-1
電話　販売 03-5299-1730
　　　編集 03-5299-1830
URL https://www.chuko.co.jp/

Published by CHUOKORON-SHINSHA, INC.
Printed in Japan　ISBN978-4-12-102827-3 C1214

中公新書

宗教・倫理

b1

- 2293 教養としての宗教入門　中村圭志
- 2459 聖書、コーラン、仏典　中村圭志
- 2668 宗教図像学入門　中村圭志
- 2158 神道とは何か　伊藤聡
- 1130 仏教とは何か　山折哲雄
- 2135 仏教、本当の教え　植木雅俊
- 2616 法華経とは何か　植木雅俊
- 2765 浄土思想　岩田文昭
- 2416 浄土真宗とは何か　小山聡子
- 2365 禅の教室　藤田一照　伊藤比呂美
- 134 地獄の思想　梅原猛
- 989 儒教とは何か（増補版）　加地伸行
- 1707 ヒンドゥー教―インドの聖と俗　森本達雄
- 2076 アメリカと宗教　堀内一史
- 2360 キリスト教と戦争　石川明人
- 2746 統一教会　櫻井義秀
- 2642 宗教と過激思想　藤原聖子
- 2453 イスラームの歴史　K・アームストロング　小林朋則訳
- 2639 宗教と日本人　岡本亮輔
- 2306 聖地巡礼　岡本亮輔
- 2310 山岳信仰　鈴木正崇
- 2499 仏像と日本人　碧海寿広
- 2598 倫理学入門　品川哲彦
- 2827 死とは何か　中村圭志